VRHUNSKI VODIČ ZA KUHANJE S LIMUNOM

100 SLATKIH I SLATKIH RECEPATA ZA USVJETLJANJE SVAKOG OBROKA

Anamarija Župan

Sva prava pridržana.

Odricanje

Podaci sadržani u ovoj Knjizi trebali bi poslužiti kao sveobuhvatna zbirka strategija o kojima je autor ove Knjige proveo istraživanje. Sažetke, strategije, savjete i trikove preporučuje samo autor, a čitanje ove knjige ne jamči da će nečiji rezultati točno odražavati rezultate autora. Autor knjige je uložio sve razumne napore kako bi čitateljima knjige pružio aktualne i točne informacije. Autor i njegovi suradnici neće biti odgovorni za eventualne nenamjerne pogreške ili propuste. Materijal u Knjizi može uključivati informacije trećih strana. Materijali trećih strana sadrže mišljenja koja su izrazili njihovi vlasnici. Kao takav, autor knjige ne preuzima odgovornost za materijale ili mišljenja trećih strana.

Knjiga je zaštićena autorskim pravima © 2022 sa svim pridržanim pravima. Protuzakonito je redistribuirati, kopirati ili stvarati radove izvedene iz ove knjige u cijelosti ili djelomično. Nijedan dio ovog izvješća ne smije se reproducirati ili ponovno prenositi u bilo kojem obliku reproduciranja ili ponovnog prijenosa bez pisanog i potpisanog dopuštenja autora.

Sommario
100 SLATKIH I SLATKIH RECEPATA ZA USVJETLJANJE SVAKOG OBROKA 1
Odricanje 2
1. Pečena jaja s limunom, vrhnjem i makom 9
2. Dutch-lemon Dutch baby 11
3. Muffini od limuna s kristaliziranim đumbirom 13
4. Vafli s ricottom od kukuruznog brašna s limunom 16
5. Grilani vafli od malina 19
6. Salata od naribanih tikvica s limunom i mažuranom 22
7. Kelj i pupčar s vinaigretteom od limuna i maslaca 24
8. Salata od rajčica i mahuna s vinaigretteom od limuna 27
9. Salata od mljevene pšenice i mrkve s konzerviranim limunom
.... 30
10. Tostirana cvjetača s limunom, peršinom i bademima 33
11. Krumpir od ježa na maslacu s limunom i začinskim biljem 35
12. Kukuruz na žaru s maslacem od paprike i limuna 38
13. Papreni biskoti od limuna i parmezana 41
14. Delicata tikva pečena miso s limunom 44
15. Njoki od limuna i kozjeg sira s oljuštenim graškom 47
16. Juha od leće i blitve s limunom, fetom i koprom 50
17. Pesto pizza od šparoga i limuna s dimljenom mozzarellom 53
18. Špageti s radičem, i limun-češnjak mrvicama 56
19. Dal od limuna sa špinatom i jogurtom 59
20. Iverak pečen u tavi s okusom limuna 63
21. Janjeći kotleti na žaru s limunom, sumakom i za'atarom 66
22. Meyerov rižoto od limuna s rakovima dungenessom 69
23. Cedar plank-losos na žaru s limunom 72
24. Odrezak na žaru s pougljenim chimichurrijem od limuna 75
25. Dinstana govedina s konzerviranim limunom i harissom 78
26. Salata od kruha i piletine s vinaigretteom 81

27. Pileća juha od limuna i parmezana sa okruglicama od začinskog bilja 84
28. Narančaste palačinke od bundeve 88
29. Kajgana od tofua od špinata 90
30. Chia zob preko noći 92
31. Humus od pečene mrkve 94
32. Torta s nadjevom od limuna 96
MERINGUE LJUSKA 97
PUNJENJE 97
33. Talijanski kolač od sira 98
34. Lemon fluff 100
35. Smoky salata od slanutka i tune 102
36. Tajlandska salata od kvinoje 104
37. Turska grah salata 106
ZAVOJ 107
38. Zdjelice za povrće i kvinoju 108
39. Buddha zdjela od kvinoje i slanutka 111
40. Sendvič od avokada i slanutka 114
41. Klice sa zelenim grahom 116
42. Svinjetina sa špagetima 118
43. Začinjeni falafel od kvinoje 120
44. Karipska sol 'Riba' 122
45. Salata od špinata s krušnim voćem 124
KRUHNO VOĆE 125
46. Speedy Harissa Chicken and Tabbouleh 126
47. Harissa piletina i marokanski kus-kus 128
48. Kremasta piletina s limunom i timijanom 131
49. Piletina i Chorizo Paella 134
50. Pečeni odrezak tune i kriške slatkog krumpira 137
51. Brzi začinjeni cajun losos i povrće od češnjaka 140
52. Salata od tjestenine od tune 142
53. Mediteranske pureće mesne okruglice s Tzatzikijem 144

Za tzatziki umak 145
54. Lagana meksička salata od slanutka 147
55. Kaneloni od tofua i špinata 149
56. Dimljena salata od tunjevine od slanutka 152
57. Tajlandska salata od kvinoje 154
58. Turska grah salata 156
Zavoj 157
59. Zdjelice za povrće i kvinoju 158
60. Sendvič sa avokadom i slanutkom 161
61. Klice sa zelenim grahom 163
62. Svinjetina sa špagetima 165
63. Ljuti falafel od kvinoje 167
64. Mini meringue pite od limuna s nadjevom od skute od limuna
.... 170
65. Najbolje pločice s limunom 173
66. Parfe od limuna i maka s jagodama 176
67. Macarons s limunom i bademom punjen čokoladom 179
68. Kolačići od limuna 182
69. Panna cotta od limuna i mlaćenice s kupinama 185
70. Affogato sa sladoledom od limoncella 188
71. Crème brulée od limuna s lavandom i medom 191
73. Meyerov kolač od limuna i mandarine s maslinovim uljem .. 196
74. Meringue od limuna-pita od pistacija 199
75. Torta od pistacija 202
Sloj 1, dno 203
Sloj 2, sredina 203
Sloj 3, vrh 204
76. Tart od artičoka 205
77. Tart od borovnice i mlaćenice 207
Ljuska 208
Nadjev od mlaćenice 208
LJUSKA 208

PUNJENJE 209
78. Grčka salata od prosa i piletine 210
79. Salata od povrća od kvinoje s vinaigretteom od limuna 213
KVINOJA 214
VINAIGRET 215
POVRĆE 215
80. Rižoto od šafrana 216
81. Škampi i tjestenina u umaku od limuna 219
82. Klasično cijelo pečeno pile 222
83. Škampi i griz 225
84. Limunada od ruže i geranija 230
85. Jagoda limun agua fresca s bosiljkom 232
86. Lemon mint limonina 234
87. Domaći limoncello 236
88. Limun štapić za odrasle 238
89. Šotovi zelenog i limuna 240
90. Limun ružmarin ječmena voda 242
91. Konzervirani limuni 245
92. Domaći ricotta sir 247
93. Lemon curd 249
94. Chutney od limuna s datuljama i korijanderom 251
95. Maslinovo ulje s limunom 253
96. Meyer marmelada od limuna i grejpa 255
97. Vrpce od ušećerenog limuna 258
98. Preljev od češnjaka 260
99. Citrus vinaigrette 262
100. Lemon curd 264
Sastojci 265
Upute 265
ZAKLJUČAK 266

UVOD

Stabla limuna s bujnim lišćem uobičajena su poput dvorišnih bazena u Kaliforniji, kamo smo se preselili kad sam imao devet godina. Tijekom cijele godine zrak je natopljen njihovim mirisom, posebno mirisom tanke kore, nevena žutog Meyerovog limuna. Tu su i Eureka i Lisabonski limun s grubom korom, jajastog oblika, u nijansama blijedožute i zelene. Ali njihov sunčan izgled opovrgava ono što je unutra - voće koje je gotovo nemoguće jesti, kao što kaže pjesma Petra, Pavla i Marije: "Stablo limuna, vrlo lijepo, i cvijet limuna je sladak, ali plod jadnog limuna nemoguće je jesti."

Neumoljiva kiselost limuna — dovoljno oštra da stvori tunel saća od jednog do drugog kraja mog štapića paprene metvice — daje intenzivnu svježinu vitalnu za dobivanje dobrog okusa vašeg kuhanja poput soli. Mlaz soka od limuna osvjetljava slana jela i daje nepogrešivu prednost desertima. Korica limuna dodaje dašak okusa limuna svemu, od bogatih njoka od kozjeg sira i kremastog rižota do vafla od kukuruznog brašna i omiljenih pločica s limunom. Cijeli limuni – konzervirani, ukiseljeni, pasirani, soljeni – postaju ukusni začini, čija je kiselost prigušena slično odvažnim okusima Bliskog istoka i jugoistočne Azije. Trakama limunove kore ukrasite koktele i prelijte sadržaj lonaca koji se krčkaju snažnom esencijom limuna. Iako sam predan kuhanju prvenstveno s namirnicama koje rastu u blizini i koje su u sezoni,

DORUČCI

1. Pečena jaja s limunom, vrhnjem i makom

ČINI 4 PORCIJE
SASTOJCI
6 žličica maslinovog ulja s limunom, ekstra djevičanskog maslinovog ulja ili otopljenog maslaca, podijeljeno

1 srednja ljutika, sitno mljevena, podijeljena

2 žlice sitno ribane limunove korice, podijeljene

1 unca parmezana, sitno naribanog (oko ½ šalice), podijeljenog

¾ šalice gustog vrhnja, podijeljeno

Košer soli

8 jaja, sobne temperature

2 žličice maka, razdijeljene

4 žličice sitno nasjeckanog svježeg vlasca, razdijeljene

UPUTE
Zagrijte pećnicu na 350 stupnjeva F.

Temeljito premažite dno i stranice 4 kalupa za pečenje ili posude za pečenje, koristeći 1½ žličice ulja za svaku. Stavite ramekine na lim za pečenje sa stranicama (kako bi ih lakše stavljali u i iz pećnice).

Podijelite ljutiku na ramekine, ne dodajući više od 2 žličice po jelu. Dodajte 1½ žličice korice i 1 žlicu sira u svaku ramlicu, prelijte 1 žlicom vrhnja i začinite s prstohvatom soli.

Pažljivo razbijte 2 jaja u svaku zdjelu, počevši s novim ako žumanjak pukne. Svaki žumanjak prelijte s 2 žlice preostalog vrhnja i pospite 1 žlicom preostalog sira, ½ žličice maka i prstohvatom soli. Pecite 10 do 12 minuta, ili dok se jaja samo malo ne stvrdnu. Svako jaje ukrasite 1 žličicom vlasca i odmah poslužite.

2. Dutch-lemon Dutch baby

PRAVI JEDNU PALAČINKU OD 10 INČA
SASTOJCI
1 šalica nebijeljenog višenamjenskog brašna
1 žlica granuliranog šećera
Obilni prstohvat košer soli
Sjemenke od 4 do 5 zelenih mahuna kardamoma
4 jaja
1 šalica punomasnog mlijeka
1 žlica sitno ribane korice limuna
¼ šalice (½ štapića) neslanog maslaca
¼ šalice slastičarskog šećera
2 žlice svježe iscijeđenog soka od limuna
UPUTE
Zagrijte pećnicu na 425 stupnjeva F i stavite rešetku u sredinu pećnice.
U maloj zdjeli pomiješajte brašno, granulirani šećer i sol. Fino sameljite sjemenke kardamoma pomoću mužara i tučka ili čistog mlinca za kavu i dodajte suhim sastojcima. Staviti na stranu. U velikoj zdjeli lagano umutite jaja s mlijekom i koricom. Dodajte suhe sastojke i lagano miksajte dok se ne sjedine. Tijesto ne mora biti potpuno glatko, ali pazite da nema velikih grudica brašna.
U srednjoj tavi od lijevanog željeza (10 inča) na srednje jakoj vatri otopite maslac, povremeno vrteći tavu, sve dok maslac ne postane vrlo vruć i pjenast, te gotovo počne rumeniti. Odmah ulijte tijesto i stavite tavu u pećnicu. Pecite 20 minuta ili dok rubovi ne postanu valoviti i smeđi, a sredina palačinke ne napuhne. Izvadite pleh iz pećnice, palačinku ravnomjerno pospite slastičarskim šećerom i vratite u pećnicu na još 2-3 minute. Pospite limunovim sokom po vrhu i odmah poslužite.

3. Muffini od limuna s kristaliziranim đumbirom

PRAVI 1 TUCE MUFFINA
SASTOJCI
1¾ šalice nebijeljenog višenamjenskog brašna
2 žličice praška za pecivo
¾ žličice košer soli
½ žličice sode bikarbone
1 manji limun s tankom korom
10 žlica (1¼ štapića) neslanog maslaca, na sobnoj temperaturi
1 šalica šećera
2 jaja
1 žličica ekstrakta vanilije
1 šalica punomasnog mlijeka grčkog jogurta
½ šalice plus 3 žlice grubo nasjeckanog kandiranog đumbira, podijeljeno
ZA GLAZURU:
½ šalice slastičarskog šećera
1 žlica plus 1 žličica svježe iscijeđenog soka od limuna
UPUTE
Zagrijte pećnicu na 350 stupnjeva F. Standardni kalup za muffine od 12 šalica obložite papirnatim podlogama ili ga premažite maslacem i pospite brašnom.

U maloj zdjeli pomiješajte brašno, prašak za pecivo, sol i sodu bikarbonu. Staviti na stranu.

Odrežite vrhove cvijeta i peteljke limuna, uklonite dovoljno kore da se vidi pulpa, a zatim ga prepolovite. Nježno stisnite svaku polovicu iznad zdjele kako biste oslobodili sjemenke i uklonili dio soka prije nego što polovice izrežete na manje komade, uklanjajući sve sjemenke dok idete. Stavite komadiće i sok u blender ili zdjelu procesora hrane i obradite dok najveći komadi ne budu veličine zrna riže. Staviti na stranu.

U zdjeli samostojećeg miksera opremljenog nastavkom s lopaticom ili pomoću ručnog električnog miksera, tucite maslac i šećer na srednjoj do visokoj brzini dok ne postanu lagani i pjenasti, oko 5 minuta. Lopaticom ostružite stijenke zdjele, zatim smanjite brzinu na srednju i dodajte jedno po jedno jaje, miksajući dok se dobro ne sjedini. Dodajte vaniliju i tucite nekoliko sekundi.

Dodajte jednu trećinu suhih sastojaka i umiješajte na niskoj brzini, zatim povećajte na srednju i miješajte 1 minutu. Dodajte polovicu jogurta i kratko miksajte da se sjedini. Dodajte polovicu preostalih suhih sastojaka i umiješajte na niskoj brzini prije nego što povećate na srednju brzinu na 1 minutu. Ponovite s preostalim jogurtom i suhim sastojcima. Lopaticom ostružite dno i stijenke zdjele te ubacite nasjeckani limun i $\frac{1}{2}$ šalice kandiranog đumbira. Koristite žlicu za sladoled kako biste ravnomjerno rasporedili tijesto po pripremljenim kalupima za muffine.

Pecite 35 do 45 minuta, ili dok se muffini ne vrate na dodir. Prebacite na rešetku da se potpuno ohladi prije glaziranja. Kako biste napravili glazuru, u maloj posudi pomiješajte slastičarski šećer i limunov sok vilicom dok ne postane glatka. Žlicom nanesite malu količinu na svaki muffin, lagano ga rasporedite stražnjom stranom žlice. Preostale 3 žlice kristaliziranog đumbira sitno nasjeckajte i pospite po muffinima.

4. Vafli s ricottom od kukuruznog brašna s limunom

PRAVI OKO TUCETA BELGIJSKIH VAFLA OD 4 INČA, ILI ŠESNAEST PALAČINKI OD 3 INČA

SASTOJCI
2 šalice nebijeljenog višenamjenskog brašna
¼ šalice kukuruznog brašna
¼ šalice šećera
2 žličice praška za pecivo
1 žličica košer soli
Malo ½ žličice svježe naribanog muškatnog oraščića
½ žličice sode bikarbone
1 šalica punomasnog mlijeka
⅓ šalice svježe iscijeđenog soka od limuna (od 2 srednja limuna)
2 žlice sitno nasjeckane korice limuna (od 2 srednja limuna)
2 jaja
¼ šalice (½ štapića) plus 2 žlice neslanog maslaca, otopljenog i ohlađenog, podijeljeno
¾ šalice domaćeg sira Ricotta ili kupljenog u trgovini
1 žličica ekstrakta vanilije

UPUTE
Zagrijte pećnicu na 200 stupnjeva F. Zagrijte pekač za vafle prema uputama proizvođača.
U velikoj zdjeli pomiješajte brašno, kukuruznu krupicu, šećer, prašak za pecivo, sol, muškatni oraščić i sodu bikarbonu. U srednjoj posudi umutite mlijeko, limunov sok i koricu te jaja, a zatim umutite ¼ šalice maslaca. Dodajte mokre sastojke suhim, miješajte samo dok se ne navlaže. U redu je ako ostanu grudice. U maloj zdjeli vilicom izlomite grudice ricotte i umiješajte vaniliju. Spatulom nježno umiješajte sir u tijesto. Nemojte previše miješati; tijesto može biti gusto i malo grudičasto. Lagano premažite kalup za vafle s preostale 2 žlice maslaca. Ulijte dovoljno tijesta u kalup za vafle da pokrije rešetku (oko ⅓ šalice). Zatvorite i kuhajte prema uputama proizvođača dok ne

porumene, oko 2 do 3 minute. Kuhane vafle prebacite u lim za pečenje da ostanu topli dok radite ostale.

Ako radite palačinke, rešetku malo premažite maslacem i otopite maslac na srednjoj vatri. Radeći u serijama, ulijte $\frac{1}{4}$ šalice tijesta po palačinki na rešetku. Kuhajte dok površina ne počne mjehurićiti, a rubovi malo suhi, oko 4 minute. Okrenite i kuhajte dok dno ne porumeni, još 3 do 4 minute. Pečene palačinke prebaciti u lim za pečenje da ostanu tople.

Budući da su podgrijani vafli jednako dobrog okusa kao oni vrući iz pekača za vafle, obično sastavim i ispečem cijelu seriju, čak i ako su svježi samo za dvoje. Pustite da se dodatni vafli potpuno ohlade, stavite ih u Ziploc vrećicu za zamrzavanje i zamrznite do 2 mjeseca. Za brzu poslasticu za doručak, stavite smrznute vafle (nema potrebe za odmrzavanjem) u toster ili toster dok nisu vrući i hrskavi. Za ponovno zagrijavanje veće količine, pecite ih u pećnici zagrijanoj na 350 stupnjeva F oko 10 minuta.

5. Grilani vafli od malina

ČINI: 2
UKUPNO VRIJEME: 10 minuta

SASTOJCI VAFLA
- 1/2 šalice bademovog brašna
- 2 žlice obroka lanenog sjemena
- 1/3 šalice kokosovog mlijeka
- 1 žličica ekstrakta vanilije
- 1 žličica praška za pecivo
- 2 žlice zaslađivača
- 7 kapi tekuće stevije

PUNJENJE
- 1/2 šalice malina
- Korica 1/2 limuna
- 1 žlica soka od limuna
- 2 žlice maslaca
- 1 žlica zaslađivača

UPUTE
a) U velikoj posudi za miješanje pomiješajte sve sastojke za vafle.
b) Zagrijte pekač za vafle i ulijte svoje tijesto.
c) Pustite da se kuha dok svjetlo ne postane zeleno ili dok razina pare ne padne na sigurnu razinu.
d) Izvadite vafle iz pećnice i ostavite ih sa strane da se malo ohlade.
e) U tavi na štednjaku zagrijte maslac i sladilo. Dodajte maline, limunov sok i limunovu koricu. Miješajte dok se ne zgusne do konzistencije džema.
f) Između dva vafla staviti fil od malina i staviti u pleh i peći 1-2 minuta sa svake strane.

SALATE

6. Salata od naribanih tikvica s limunom i mažuranom

ČINI 4 DO 6 PORCIJA
SASTOJCI
1½ funte (oko 3 do 4 male) tikvice, tanko narezane po dužini na mandolinu ili gulilicom za povrće
2 žličice košer soli
3 žlice svježe iscijeđenog soka od limuna
1 manja ljutika tanko narezana na mandolinu ili sitno samljevena
1 žlica sitno naribane korice limuna
¼ šalice ekstra djevičanskog maslinovog ulja
1 žlica sitno nasjeckanog svježeg mažurana
Strugotine sira Pecorino Romano, za ukras (po želji)
UPUTE
U cjedilu iznad zdjele ili u sudoperu pomiješajte vrpce od tikvica i sol. Dobro promiješajte da prekrijete vrpce i ostavite sa strane 10 minuta. Nakon 10 minuta skupite tikvice u nekoliko velikih šaka i lagano ocijedite malo vlage iz svake.

U velikoj zdjeli pomiješajte limunov sok s ljutikom i malim prstohvatom soli. Dodajte koricu i umiješajte ulje u laganom, ravnomjernom mlazu. Umiješajte mažuran i dodajte vrpce od tikvica u zdjelu, miješajući da se ravnomjerno prekriju. Poslužite odmah, preliveno strugotinama sira.

7. Kelj i pupčar s vinaigretteom od limuna i maslaca

ČINI 4 DO 6 PORCIJA
SASTOJCI
2 male vezice lacinato kelja (oko 1 funte), uklonjene stabljike i listovi narezani na tanke vrpce
8 unci prokulica (oko 12 do 16), prepolovljenih i tanko narezanih
¼ sitno narezanog crvenog luka
½ šalice (1 štapić) neslanog maslaca, narezanog na male komadiće
ZA VINAIGRET:
¼ šalice bijelog vinskog octa
⅓ šalice svježe iscijeđenog soka od limuna (od 2 srednja limuna)
1 žlica sitno nasjeckane limunove korice
2 žlice sitno mljevene ljutike
Prstohvat košer soli
¼ šalice ekstra djevičanskog maslinovog ulja
1 žlica meda
Svježe mljeveni crni papar
1 čvrsti, zreli avokado, bez koštice i na kockice
¼ šalice prženih sjemenki suncokreta

UPUTE

U velikoj zdjeli pomiješajte kelj, prokulice i luk. Ostavite salatu sa strane dok zapečete maslac.

U maloj posudi svijetle boje u kojoj možete vidjeti boju maslaca, otopite maslac na srednjoj vatri, povremeno ga vrteći kako biste osigurali da se ravnomjerno otopi. Počet će se pjeniti i mijenjati boju, od svijetlo žute do zlatno smeđe do nešto tamnije, prženo smeđe koja miriše na orahe. Maknite tavu s vatre i prebacite sadržaj u malu zdjelu otpornu na toplinu. Čvrste tvari mlijeka taložit će se na dno posude i zapeći; ostaviti što više tog taloga iza sebe. Ostavite maslac sa strane.

U srednjoj zdjeli koja ne reaguje, pomiješajte ocat i limunov sok s koricom, ljutikom i velikim prstohvatom soli. U zagrijani maslac pjenasto umiješajte ulje i dodajte med. Polako ulijevajte smjesu u ocat i limunov sok, stalno miješajući, dok vinaigrette ne postane emulgiran. Provjerite začine i dodajte sol i papar po ukusu.

Dodajte otprilike ¼ šalice toplog vinaigrettea zelju i masirajte ga rukama dok malo ne omekša i postane manje sirovo. Nastavite dodavati vinaigrette, nekoliko žlica u isto vrijeme, sve dok zelje ne bude dobro obrađeno, ali ne i mokro (sadrži bilo koji dodatni vinaigrette za drugu upotrebu). Dodajte avokado i sjemenke suncokreta, promiješajte da se sjedine i odmah poslužite.

8. Salata od rajčica i mahuna s vinaigretteom od limuna

ČINI 8 PORCIJA
SASTOJCI
ZA VINAIGRET:
1 žlica plus 1½ žličice sitno mljevene ljutike
3 žlice svježe iscijeđenog soka od limuna
Prstohvat košer soli
1 žlica Dijon senfa
2 žličice meda
½ šalice ekstra djevičanskog maslinovog ulja
6 žlica krupno nasjeckanog mekog začinskog bilja poput peršina, bosiljka, estragona i vlasca
1½ žličice sitno naribane korice limuna
½ Konzerviranog limuna ili limuna kupljenog u trgovini, meso odbaciti i koru sitno nasjeckati
Svježe mljeveni crni papar
2 pola litre miješanih cherry rajčica, prepolovljenih
1½ funte zelenog graha, podrezanog
2 unce sira ricotta salata, izribanog gulilicom za povrće

UPUTE

Da biste napravili vinaigrette, u maloj zdjeli koja ne reaguje, pomiješajte ljutiku i limunov sok sa soli. Ostavite sa strane 10 minuta da ljutika omekša i malo zasladi. Zatim dodajte senf i med i polako ulijevajte ulje, neprestano miješajući, dok vinaigrette ne postane emulgiran. Umiješajte začinsko bilje, limunovu koricu i konzervirani limun te začinite po ukusu solju i paprom.

U zdjelu srednje veličine pomiješajte rajčice s ½ šalice vinaigrettea i ostavite ih da se mariniraju najmanje 20 minuta ili dok ne budete spremni poslužiti salatu.

Dok se rajčice mariniraju, zakuhajte lonac s obilno posoljenom vodom. Kuhajte grah dok ne omekša, oko 4 minute. Ocijedite ih u cjedilu i ohladite mahune tako što ćete ih kratko ispustiti pod hladnom vodom. Raširite ih na lim za pečenje obložen čistim ručnikom. Ostavite sa strane dok se potpuno ne ohladi i osuši. Neposredno prije posluživanja, dodajte grah i strugotine ricotte salate u rajčice i vinaigrette. Promiješajte da se sastojci sjedine, dodajte preostali vinaigrette i začinite po ukusu dodatnom soli i paprom. Marinirajte 10 minuta prije posluživanja.

9. Salata od mljevene pšenice i mrkve s konzerviranim limunom

ČINI 4 DO 6 PORCIJA
SASTOJCI
1 šalica mljevene pšenice
1 žličica košer soli
½ konzerviranog limuna ili kupljenog u trgovini
⅓ šalice ekstra djevičanskog maslinovog ulja
2 na 3 žlice svježe iscijeđenog soka od limuna (ovisno o tome koliko limunasti preljev volite)
2 žličice krupno nasjeckanog češnjaka
¾ žličice sjemenki kumina, tostiranih i mljevenih
3 mrkva, tanko narezana (oko 2 šalice)
⅓ šalice ribiza
3 mladog luka, bijeli i svijetlozeleni dijelovi, tanko narezana
Svježe mljeveni crni papar
1 šalica lagano napuknutog krupno nasjeckanog plosnatog peršina
UPUTE
U tešku tavu s poklopcem koji čvrsto prianja, stavite zdrobljenu pšenicu i sol s 2 šalice vode. Zakuhajte vodu i smanjite vatru. Poklopite i nastavite kuhati na najslabijoj vatri, povremeno miješajući, dok pšenica ne omekša, ali bude ugodna za žvakanje, 20 do 25 minuta. Ocijedite preostalu vodu. Dok se pšenica kuha, odvojite pulpu konzerviranog limuna od kore, izvadite sjemenke i dodajte pulpu u blender. Koru sitno nasjeckajte i sačuvajte. Dodajte ulje, limunov sok, češnjak i sjemenke kima i miješajte dok ne postane glatko.

Stavite zdrobljenu pšenicu u veliku zdjelu s mrkvom, ribizlom i mladim lukom kako bi topla zrna malo omekšala ostale sastojke. Dodajte polovicu vinaigrettea i ostavljenu koricu limuna. Dobro promiješajte da se vinaigrette sjedini. Kušajte salatu, dodajte još vinaigrette ako nije dovoljno ukusna. Pustite salatu da odstoji 15 minuta, ponovno kušajte i dodajte papra po ukusu i još vinaigrette ako je potrebno (sačuvajte dodatni preljev za drugu upotrebu). Peršin dodajte neposredno prije posluživanja.

STRANE

10. Tostirana cvjetača s limunom, peršinom i bademima

ČINI 4 PORCIJE
SASTOJCI
1 (2 funte) glavica cvjetače, izrezana na male cvjetiće sa stabljikom od V inča ili manje
⅓ šalice nasjeckanih badema ili pinjola
5 žlica ekstra djevičanskog maslinovog ulja, podijeljeno
1½ žličice košer soli
1 manji češanj češnjaka, sitno naribanog ili mljevenog
1 žlica sitno naribane korice limuna
3 žlice svježe iscijeđenog soka od limuna
1 šalica lagano zbijenog peršinovog lišća, grubo nasjeckanog
Svježe mljeveni crni papar

UPUTE
Koristeći kuhalo za hranu s nastavkom za ribanje ili oštricom, naribajte ili izmješajte cvjetaču u serijama dok ne nalikuje zrncima kus-kusa. Trebali biste imati oko 4 šalice. (Možete upotrijebiti i nož da narežete cvjetiće, koji će se lako slomiti u vrlo male komadiće dok idete.)

U velikoj, širokoj tavi na srednje jakoj vatri tostirajte bademe, često miješajući, dok ne zamirišu na orahe i ne porumene, oko 7 minuta. Ostavite orahe sa strane i obrišite tavu. Zagrijte 3 žlice ulja na srednje jakoj vatri. Kad se ulje zagrije dodajte cvjetaču i sol. Pirjajte uz često miješanje dok komadići cvjetače ne budu tostirani i omekšani, 12 do 15 minuta. Maknite tavu s vatre i odmah dodajte češnjak i koricu, dobro promiješajte da se okusi rasporede. Nakon što se smjesa malo ohladi, dodajte preostale 2 žlice ulja, sok od limuna, bademe i peršin. Začinite s dodatnom soli i paprom i ostavite cvjetaču barem 15 minuta, djelomično pokrivenu, da se okusi razviju.

11. Krumpir od ježa na maslacu s limunom i začinskim biljem

ČINI 6 DO 8 PORCIJA

SASTOJCI

½ šalice (1 štapić) neslanog maslaca, na sobnoj temperaturi
3 žlice sitno nasjeckanog svježeg peršina
1½ žlice sitno naribane korice limuna (od 2 mala limuna)
1 žlica sitno nasjeckanog svježeg mažurana
1 žlica sitno nasjeckanog svježeg vlasca
2 mali češnjevi češnjaka
1 žličica košer soli
2 žlice svježe iscijeđenog soka od limuna
20 Yukon Gold ili Red Bliss krumpira veličine jajeta (oko 4 funte)
2 žlice maslinovog ulja s limunom ili ekstradjevičanskog maslinovog ulja
Svježe mljeveni crni papar
½ limuna

UPUTE

U maloj zdjeli pomiješajte maslac s peršinom, koricom limuna, mažuranom i vlascem.

Češnjak krupno nasjeckajte i pospite solju. Nastavite sjeckati češnjak sa soli, držeći nož pod kutom od 30 stupnjeva u odnosu na dasku za rezanje i povlačeći ga preko hrpe češnjaka i soli kako biste napravili pastu. Maslacu dodajte pastu od češnjaka i sok od limuna i umiješajte vilicom ili stražnjom stranom žlice. Premjestite maslac u komad plastične folije i oblikujte ga u cjepanicu promjera 1 inča. Stavite u hladnjak dok se ne stegne, oko 30 minuta.

Zagrijte pećnicu na 425 stupnjeva F.

Koristeći drvenu žlicu za pečenje krumpira, narežite krumpir poprečno, praveći rez svakih ¼ inča. (Žličica će vas spriječiti da zarežete do kraja i odvojite kriške jedne od drugih.)

Stavite krumpire u tepsiju i sve ih premažite uljem. Lagano ih pospite solju i paprom i pecite 30 minuta ili dok se kriške ne počnu lagano širiti i odvajati jedna od druge. Izvadite posudu iz pećnice i nožem za guljenje razdvojite sve kriške koje su zalijepljene jedna za drugu. Stavite novčić—ili 2, ovisno o veličini vašeg krumpira—maslaca na vrh svakog krumpira, lagano pritiskajući kako biste ga potaknuli da se otopi između kriški; ostat će vam malo maslaca. Pecite krumpir još 30 minuta, povremeno ga premažući maslacem na dnu posude. Gotove su kada su vrhovi blago smeđi i hrskavi, a sredina mekana kada se probodu nožem za guljenje. Polovicu limuna iscijedite preko krumpira i odmah poslužite.

12. Kukuruz na žaru s maslacem od paprike i limuna

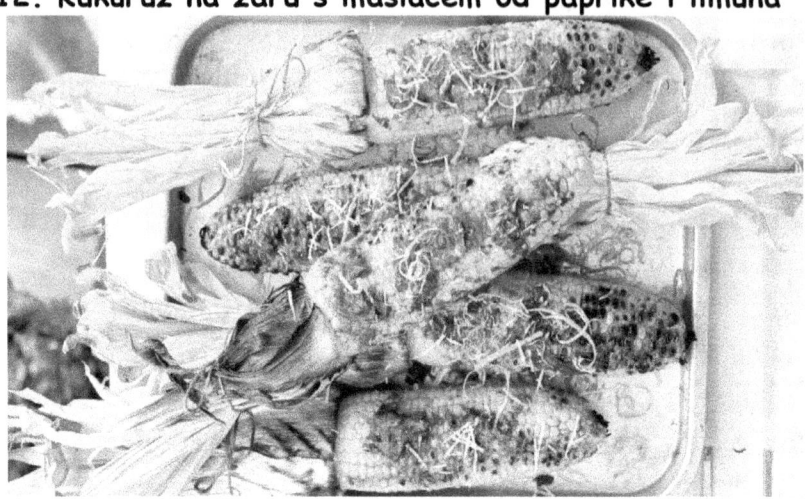

ČINI 6 PORCIJA
SASTOJCI
½ šalice (1 štapić) neslanog maslaca
1 žlica sitno naribane korice limuna
1 češanj češnjaka, sitno naribanog
3 žlice svježe iscijeđenog soka od limuna
½ žličice dimljene paprike
1½ žličice košer soli
6 klipova svježeg kukuruza šećerca
3 žlice grubo nasjeckanog svježeg cilantra

UPUTE

U maloj posudi svijetle boje u kojoj možete vidjeti boju maslaca, otopite maslac na srednjoj vatri, povremeno ga vrteći kako biste osigurali da se ravnomjerno otopi. Počet će se pjeniti i mijenjati boju, od svijetlo žute do zlatno smeđe do nešto tamnije, prženo smeđe koja miriše na orahe. Maknite tavu s vatre i prebacite sadržaj u malu zdjelu otpornu na toplinu. Čvrste tvari mlijeka taložit će se na dno posude i zapeći; ostaviti što više tog taloga iza sebe. Dodajte koricu i češnjak toplom smeđem maslacu. Pustite da se maslac potpuno ohladi, a zatim umiješajte limunov sok, papriku i sol.

Ogulite i odbacite vanjske ljuske kukuruza. Pažljivo povucite blijedozelene unutarnje ljuske i uklonite svilu. Jezgre ponovno prekrijte ljuskom, krajeve zavežite kuhinjskim koncem, a klasje potopite u hladnu vodu najmanje 30 minuta.

Prethodno zagrijte plinski roštilj na visoku temperaturu, oko 450 stupnjeva F, ili pripremite roštilj na drveni ugljen za izravno kuhanje na užarenom ugljenu. Izvadite kukuruz iz vode i otresite višak vlage. Stavite kukuruz na roštilj i zatvorite poklopac. Kukuruz okrećite svakih 5 minuta, kako bi se ravnomjerno kuhao, 10 do 15 minuta. Odvežite konac, ogulite ljuske, premažite kukuruz maslacem i nastavite kuhati s oguljenim ljuskama dok se zrna ne karameliziraju sa svih strana, još 3 do 5 minuta.

Uklonite kukuruz s roštilja, premažite ga s još maslaca i pospite s još soli po ukusu i cilantrom.

13. Papreni biskoti od limuna i parmezana

PRAVI OKO 3 TUSCA KEKSA

SASTOJCI

1½ šalice nebijeljenog višenamjenskog brašna
½ šalice griz brašna
2 unce parmigiano-reggiano sira, sitno naribanog (oko 1 šalice)
2 žlice sitno nasjeckane korice limuna (od 2 srednja limuna)
1 žlica svježe mljevenog crnog papra
2 žličice košer soli
1 žličica praška za pecivo
¼ šalice ekstra djevičanskog maslinovog ulja
3 jaja, podijeljena
⅓ šalice punomasnog mlijeka
Zagrijte pećnicu na 350 stupnjeva F.

UPUTE

U velikoj zdjeli dobro pomiješajte brašno, sir, koricu, papar, sol i prašak za pecivo. Pokapajte ulje po vrhu i prstima ga nježno umiješajte u brašno dok smjesa ne nalikuje kukuruznom brašnu. U maloj zdjeli umutite 2 jaja s mlijekom i dodajte ih u smjesu brašna, miješajući vilicom da dobijete mekano, ljepljivo tijesto. Lagano navlažite ruke (da se tijesto ne lijepi za njih) i podijelite tijesto na pola. Ređati komade po dužini u pleh obložen papirom za pečenje. Svaki komad oblikujte u cjepanicu otprilike 12 inča dugačku, 3 inča široku i $\frac{1}{2}$ inča visoku, lagano namočite ruke koliko je potrebno da spriječite lijepljenje. Umutite preostalo jaje i njime premažite cjepanice.

Pecite 30 minuta, okrećući posudu do pola, ili dok cjepanice ne postanu blijedo zlatno smeđe. Izvadite lim na rešetku i smanjite temperaturu pećnice na 300 stupnjeva F. Ohladite cjepanice 10 minuta, prebacite ih na dasku za rezanje i pomoću nazubljenog noža izrežite svaku cjepanicu dijagonalno na kriške debljine $\frac{1}{2}$ inča. Vratite biskote u pleh i pecite još 35 do 45 minuta, a na pola vremena pečenja ih okrenite. Biskoti su gotovi kada su suhi i svijetlo zlatno smeđi s obje strane. Održat će se do 2 tjedna u hermetički zatvorenoj posudi.

14. Delicata tikva pečena miso s limunom

ČINI 4 DO 6 PORCIJA

3 žlice bijelog misa
3 žlice ekstra djevičanskog maslinovog ulja
3 žlice svježe iscijeđenog soka od limuna, podijeljeno
1 žlica meda
2 žličice harise
1½ funte delicata tikve (oko 3 do 4), prepolovljene po dužini, očišćene od sjemenki i izrezane na komade debele ½ inča 1 žlica sitno naribane korice limuna
½ šalice krupno nasjeckanog plosnatog peršina
Košer soli

UPUTE

Zagrijte pećnicu na 425 stupnjeva F.

U velikoj zdjeli pomiješajte miso, ulje, 2 žlice limunovog soka, med i harissu. Dodajte komade tikve u zdjelu i rukama ih prelijte pastom, pazeći da su ravnomjerno obloženi. Posložite ih u jednom sloju na lagano nauljeni pleh sa stranicama. Odložite zdjelu za kasnije.

Tikvu pecite 15 minuta. Izvadite pleh iz pećnice i hvataljkama preokrenite komade. Vratite ih u pećnicu na još 10 minuta, ili dok komadi ne postanu lagano karamelizirani i mekani.

Premjestite tikvicu natrag u zdjelu i pomiješajte s preostalom 1 žlicom soka od limuna, koricom i peršinom. Posolite po ukusu.

VEGETARIJANAC

15. Njoki od limuna i kozjeg sira s oljuštenim graškom

ČINI 6 DO 8 PORCIJA

SASTOJCI

8 unci blago mekog, blagog svježeg kozjeg sira, na sobnoj temperaturi

8 unci krem sira (po mogućnosti bez stabilizatora), na sobnoj temperaturi

1 žlica plus 1 žličica sitno naribane korice limuna (od 2 mala limuna)

2 žličice košer soli

2 jaja

1½ šalice nebijeljenog višenamjenskog brašna, plus dodatak za valjanje tijesta

2 žlice ekstra djevičanskog maslinovog ulja

2 male stabljike zelenog češnjaka, dijagonalno narezane na tanke ploške, ili 3 češnja češnjaka, sitno nasjeckana

¼ šalice suhog bijelog vina ili vermuta

3 šalice svježe oljuštenog zelenog graška

3 žlice neslanog maslaca

2 žlice svježe iscijeđenog soka od limuna

1 žlica sitno nasjeckanog svježeg estragona

Svježe mljeveni crni papar

2 žlice svježeg vlasca, narezanog na komade od ½ inča

UPUTE

U velikoj zdjeli pomiješajte sireve, koricu, sol i jaja. Miješajte gumenom lopaticom dok ne postane glatko i dodajte ¾ šalice brašna. Dobro promiješajte i lagano umiješajte preostalo brašno da dobijete vlažno, pomalo ljepljivo tijesto. Nemojte previše miksati jer će vam njoki biti teški. Pokrijte zdjelu plastičnom folijom i stavite u hladnjak na 1 sat.

Lagano pobrašnite lim za pečenje ili veliki pladanj i ostavite sa strane. Okrenite tijesto na malo pobrašnjenu radnu površinu, oblikujte ga u kuglu i izrežite je na četvrtine. Svaku četvrtinu razvaljajte u uže debljine ½ inča. Oštrim nožem narežite konopce na njoke od ½ inča i stavite ih na lim za pečenje. Ponovite postupak s preostalim dijelovima tijesta; trebali biste dobiti oko 84. Njoke lagano pospite brašnom. Zakuhajte veliki lonac obilno posoljene vode.

Kuhajte njoke u serijama od 15 do 20; trebat će im oko 3 minute da se skuhaju. Gotovi su kad isplivaju — pričekajte nekoliko sekundi prije nego što pomoću šupljikave žlice izvadite njoke na lim za pečenje da se ohlade. (Bit će osjetljivi kad su topli, ali će postati čvršći kad se ohlade.) Sačuvajte 1 šalicu tekućine za kuhanje. Kuhani njoki u hladnjaku će stajati 24 sata.

U velikoj tavi na srednje jakoj vatri zagrijte ulje. Dodajte češnjak i kuhajte, neprestano miješajući, dok ne omekša, oko 4 minute. Dodajte vino i pirjajte dok se tekućina u tavi ne smanji za pola, 3 do 4 minute.

Dodajte njoke, grašak, maslac i ½ šalice sačuvane tekućine za kuhanje njoka u tavu. Kuhajte dok se sastojci ne ugriju i dok se umak malo ne zgusne, oko 3 minute. Dodajte limunov sok, estragon, sol i papar po ukusu i promiješajte da se sjedini. Podijelite njoke u 6 ili 8 zdjelica. Ukrasite vlascem i odmah poslužite.

16. Juha od leće i blitve s limunom, fetom i koprom

ČINI 4 DO 6 PORCIJA

SASTOJCI

8 unci poriluka, bijeli dijelovi i 1 inč blijedozelene
2 žlice ekstra djevičanskog maslinovog ulja
1 velika ljutika, tanko narezana
2 stabljike celera, tanko narezane
2 lista lovora
1½ šalice francuske zelene ili smeđe leće, sortirane i isprane
6 šalica juhe od povrća ili vode
1 žličica košer soli

ZA FETA PRELJEV:

6 unci feta sira, po mogućnosti ovčjeg mlijeka
2 žlice svježe iscijeđenog soka od limuna
1 žlica grubo nasjeckane korice limuna
1 mali češanj češnjaka, grubo nasjeckan
¼ šalice ekstra djevičanskog maslinovog ulja
¼ šalice lagano upakiranih grančica svježeg kopra
2 žlice svježe iscijeđenog soka od limuna
1 mala vezica blitve, stabljike rezervirane za drugu upotrebu i listovi narezani na vrpce debljine 1 inča
Svježe mljeveni crni papar
Grančice kopra, za ukras

UPUTE

Poriluk prepolovite po dužini, poprečno narežite na ploške debljine ½ cm i dobro operite u cjedilu. U velikom loncu ili pećnici na srednje jakoj vatri zagrijte ulje. Dodajte poriluk, ljutiku i celer i pirjajte dok ne omekša i postane proziran, oko 7 minuta. Dodajte lovorov list i leću, miješajući da se sjedini i premažite uljem. Dodajte povrtnu juhu i sol i pustite da zavrije na srednje jakoj vatri. Smanjite vatru i kuhajte, djelomično pokriveno, dok leća gotovo ne omekša, 20 do 30 minuta.

U međuvremenu napravite preljev. Stavite feta sir u zdjelu multipraktika s limunovim sokom, koricom i češnjakom. Pulsirajte nekoliko puta da se sir razbije i polako dodajte ulje dok motor radi. Kad je smjesa glatka, dodajte kopar i mahunarke kako biste ih grubo nasjeckali i ugradili. Probajte začine, dodajte još limunovog soka ako je sir posebno slan.

Za kraj juhi umiješajte limunov sok i blitvu te nastavite pirjati dok leća potpuno ne omekša, a blitva uvene, 10 do 15 minuta. Po želji začinite solju, paprom i još limunovog soka. Za posluživanje podijelite juhu u zdjelice, dodajte žlicu feta preljeva i na vrh stavite grančicu kopra.

17. Pesto pizza od šparoga i limuna s dimljenom mozzarellom

PRAVI JEDNU PIZZU OD 12 DO 14 INČA
SASTOJCI
Kukuruzno brašno, za posipanje
ZA PEŠTO:
½ limuna, očišćenog od sjemenki i izrezanog na male komadiće
2 mala češnja češnjaka
1 šparoge istucati, obrezati i narezati na komade od 1½ inča, vrhove prepoloviti po dužini
¼ šalice prženih pistacija
⅓ šalice plus 1 žlica ekstra djevičanskog maslinovog ulja, podijeljeno
2 unce Parmigiano-Reggiano sira, grubo naribanog (oko ½ šalice)
1½ žličice košer soli
½ žličice svježe mljevenog crnog papra
14 unci domaćeg ili kupovnog tijesta za pizzu, na sobnoj temperaturi
6 unci svježeg dimljenog sira mozzarella, naribanog ili narezanog na tanke ploške

UPUTE
Postavite rešetku u sredinu pećnice, na nju stavite kamen za pizzu i zagrijte pećnicu na 475 stupnjeva F. (Koristite okrenuti lim za pečenje ako nemate kamen za pizzu.) Koru ili ravni lim za pečenje (bez stranica) pospite kukuruznim brašnom i ostavite sa strane.

Za pripremu pesta, u zdjeli multipraktika sitno nasjeckajte limun i češnjak. Dodajte komade šparoga (sačuvajte vrhove) i pistacije, pulsirajući dok se grubo ne nasjeckaju. Dodajte ⅓ šalice ulja odjednom i obradujte dok se smjesa dobro ne sjedini, ali ne postane pire; trebalo bi izgledati kao da ste naribali šparoge, s komadićima veličine od zrna riže do ribanog sira. Ulijte smjesu u veliku zdjelu i dodajte sir, sol i papar. Kušajte i po potrebi dodajte još začina, a pesto ostavite sa strane.

Na lagano pobrašnjenoj površini razvaljajte ili razvucite tijesto za pizzu da napravite krug od 12 do 14 inča i prebacite ga na pripremljenu koru. (Također možete oblikovati krug na listu pergamentnog papira i prebaciti ga izravno na kamen za pizzu da se peče.) Dobro promiješajte pesto, ravnomjerno rasporedite oko 1 šalicu po tijestu i rasporedite mozzarellu tako da je veći dio pesta pokriven. Prelijte sačuvane vrhove šparoga s preostalim uljem i pospite preko sira.

Pecite 16 do 18 minuta dok korica ne postane tamno smeđa i hrskava, a komadići šparoga na vrhu lagano pougljene. (Ako ste koristili papir za pečenje, pecite 8 do 10 minuta, izvucite papir ispod pizze kako bi korica postala hrskava i pecite još 8 minuta.) Izvadite pizzu iz pećnice i ohladite na rešetki ili limu za pečenje 5 minuta prije rezanja.

Najvažnije pravilo domaće pizze? Manje je više. Koristite laganu ruku kada dodajete preljeve na koricu, posebno ako je umak koji se nalazi izravno na vrhu malo sočan, poput umaka od rajčice ili ovog pesta. Nanesite super-tanak sloj na tijesto, dodajte ostatak nadjeva i završite s nekoliko kuglica sočne komponente razbacane po vrhu za dodatni okus.

18. Špageti s radičem, i limun-češnjak mrvicama

ČINI 4 DO 6 PORCIJA

SASTOJCI

¼ šalice plus 2 žlice ekstra djevičanskog maslinovog ulja, podijeljeno

4 češnja češnjaka, sitno nasjeckana

2 šalice svježih krušnih mrvica

Prstohvat košer soli

1 šalica lagano nabijenih, grubo nasjeckanih ravnih listova peršina

2 žlice sitno nasjeckane limunove korice (od 2 srednja limuna), podijeljene

Svježe mljeveni crni papar

2 žlice neslanog maslaca

1 (1 funta) radiča s glavicom, sitno nasjeckan

2 žlice svježe iscijeđenog soka od limuna, podijeljeno

1 funta kvalitetnih špageta ili linguina

1 šalica domaćeg sira Ricotta ili kupljenog u trgovini

UPUTE

U velikoj tavi za pirjanje na srednje jakoj vatri zagrijte ¼ šalice ulja. Dodajte češnjak i kuhajte, povremeno miješajući, 2 do 3 minute ili dok ne zamiriše. Dodajte krušne mrvice i obilno prstohvat soli i nastavite miješati dok se krušne mrvice ne prepeku i porumene. Prebacite mrvice u zdjelu i ostavite sa strane da se malo ohlade. Kad se ohlade dodajte peršin i dodajte 1 žlicu korice. Začinite po ukusu s dodatnom soli i paprom i ostavite sa strane.

Obrišite mrvice iz tave, dodajte maslac i otopite ga na srednjoj vatri. Kad se maslac zapjeni, dodajte radič i kuhajte dok ne uvene i malo omekša, 2 do 3 minute. Dodajte 2 žlice vode i kuhajte 2 minute, ili dok voda ne ispari, zatim dodajte 1 žlicu soka od limuna. set
na stranu.

Zakuhajte lonac obilno posoljene vode i skuhajte linguine prema uputama na pakiranju. Dok se kuha, pomiješajte ricottu s preostale 2 žlice ulja, 1 žlicom korice i 1 žlicom soka od limuna. Kušajte i po potrebi dodajte još soka. Prije nego što ocijedite tjesteninu, odvojite 1 šalicu vode od kuhanja.

Tjesteninu vratite u lonac. Dodajte malo vode od tjestenine u smjesu ricotte, da olabavi i zagrije, prije nego što je pomiješate s tjesteninom. Dodajte radič i polovicu krušnih mrvica i promiješajte da se sjedini, dodajući još vode od tjestenine ako se čini suhom. Stavite tjesteninu na veliki pladanj i ukrasite ostatkom krušnih mrvica. Poslužite odmah.

19. Dal od limuna sa špinatom i jogurtom

ČINI 6 DO 8 PORCIJA

SASTOJCI

2 šalice žutog graška (chana dal), sortiranog i ispranog

1 žličica kurkume

1 mali sušeni crveni čili ili 1 žličica pahuljica crvene paprike

¼ šalice kokosovog ulja ili gheeja, podijeljeno

1 žlica košer soli

2 žlice neslanog maslaca

1 žlica sjemenki smeđe gorušice

1 žlica zdrobljenih sjemenki korijandera

2 žličice sjemenki kumina

1 srednji luk, narezan na kockice od ½ inča (oko 1½ šalice)

1 šalica lagano nabijenih, grubo nasjeckanih svježih listova cilantra, uključujući nekoliko stabljika, plus dodatni listovi za ukras

2 šalice lagano nabijenih listova svježeg špinata

¼ šalice svježe iscijeđenog soka od limuna (od 1 srednjeg limuna)

2 žličice sitno ribane korice limuna

Grčki jogurt od punomasnog mlijeka, za ukras

UPUTE

U velikom loncu ili pećnici pomiješajte grašak, 6 šalica vode, kurkumu, čili, 2 žlice ulja i sol. Pustite smjesu da prokuha, povremeno miješajući kako se dal ne bi zalijepio za dno lonca. Smanjite vatru i pirjajte, djelomično poklopljeno, dok grašak ne omekša i postane mekan, oko 1 sat.

U međuvremenu napravite tadku. U velikoj tavi na srednje jakoj vatri zagrijte preostale 2 žlice ulja i maslac. Kad se maslac zapjeni, dodajte senf, korijander i sjemenke kumina, neprestano miješajući dok ne zamirišu, oko 2 minute. Dodajte luk, pojačajte vatru i nastavite kuhati dok luk ne postane proziran i postane smeđi oko rubova. To bi trebalo trajati oko 15 minuta; nemojte se bojati da vam luk potamni. Dodajte cilantro i špinat i nastavite kuhati još oko 5 minuta dok oboje malo ne uvenu, ali zadrže svoju svijetlu boju.

Izvadite cijeli čili i umiješajte tadku u grašak. Začinite po želji s dodatnom soli i kuhajte na srednje niskoj vatri 10 do 15 minuta kako bi se okusi sjedinili. Dodajte sok i koricu limuna i kuhajte još 5 minuta prije posluživanja. Svaki dio ukrasite žlicom jogurta i nekoliko listića cilantra.

GLAVNO JELO

20. Iverak pečen u tavi s okusom limuna

ČINI 4 PORCIJE
SASTOJCI
ZA UŽITAK:
1 limun, narezan na četvrtine (oko ¾ šalice)
2 mala ljutika, tanko narezana na kolutove (oko ¼ šalice)
1 žličica košer soli
1 šalica grubo nasjeckanih zelenih maslina bez koštica, npr Castelvetrano
2 žlice kapara, isprati i osušiti
½ žličice pahuljica crvene paprike
¼ šalice ekstra djevičanskog maslinovog ulja
1½ funte fileta iverka bez kože, izrezanog na 4 dijela
½ žličice sjemena komorača, svježe mljevenog
½ žličice košer soli
½ žličice svježe mljevenog crnog papra
2 žlice ekstra djevičanskog maslinovog ulja
2 žlice neslanog maslaca
¾ šalice krupno nasjeckanog plosnatog peršina UPUTE

Da biste napravili užitak, uklonite jezgre krajeve četvrtina limuna, a ostatak narežite na tanke kriške, odbacivši sve sjemenke. Dodajte kriške limuna u zdjelu zajedno s ljutikom i soli. Pokrijte i ostavite sa strane 45 minuta ili dok limun ne pusti malo soka. Dodajte masline, kapare, papričice i ¼ šalice ulja. Kako bi se okusi u potpunosti razvili, reliš ostavite sa strane da se marinira 4 sata ili čak preko noći.

Osušite iverak papirnatim ručnikom. U maloj zdjeli pomiješajte sjeme komorača, sol i papar i pospite to po iverku. U neljepljivoj tavi ili tavi od lijevanog željeza na srednje jakoj vatri zagrijte ulje dok ne zasvjetluca. Dodajte iverak i kuhajte, neometano, dok ne porumeni na dnu, oko 5 minuta. Preokrenite, dodajte maslac u tavu i smanjite temperaturu na srednju. Nastavite kuhati, premažući iverak maslacem, 2 minute ili dok sredina ribe ne postane neprozirna.

U zakusku umiješajte peršin, žlicom prelijte po komadu ribe i odmah poslužite.

21. Janjeći kotleti na žaru s limunom, sumakom i za'atarom

ČINI 4 PORCIJE
SASTOJCI
1 (3 do 3½ funte) rešetka janjetine, rebra narezana na kosti ili 3 funte janjećih kotleta, košer sol debljine 1 do 1½ inča i svježe mljeveni crni papar
ZA MARINADU:
¾ šalice običnog punomasnog jogurta
3 žlice ekstra djevičanskog maslinovog ulja
3 žlice svježe iscijeđenog soka od limuna
1 žlica sitno nasjeckane limunove korice
2 češnja češnjaka, sitno mljevenog
2 žlice grubo nasjeckane svježe metvice
3 žlice ekstra djevičanskog maslinovog ulja
2 češnja češnjaka, sitno mljevenog
3 žlice za'atar
4 žličice sumaka
3 limuna, za ukras
Listići mente, za ukras
UPUTE
Posušite rešetku ili kotlete papirnatim ručnikom, začinite ih solju i paprom i stavite u plitku posudu koja ne reaguje, poput pravokutne staklene posude za pečenje.

U manjoj zdjeli pjenasto izmiješajte jogurt, ulje, sok i koricu limuna, češnjak i mentu. Prelijte marinadu preko kotleta, jednom ih okrećite kako biste premazali obje strane. Pokrijte posudu plastičnom folijom i stavite u hladnjak preko noći.

Izvadite janjetinu iz hladnjaka 30 do 45 minuta prije pečenja kako bi se meso zagrijalo na sobnu temperaturu. Prethodno zagrijte roštilj na plin ili ugljen na srednje jaku temperaturu, oko 350 stupnjeva F. Izvadite janjetinu iz marinade, potpuno obrišite marinadu papirnatim ručnikom i bacite je. Pomiješajte ulje, češnjak, za'atar i sumak i prstima utrljajte smjesu po janjetini.

Očistite rešetku i lagano je nauljite. Za rešetku od janjetine isključite jedan od plamenika ili stavite ugljen na jednu stranu roštilja. Položite rešetku na rešetku na izravnu vatru i pecite janjetinu dok ne porumeni, oko 10 minuta. Premjestite janjetinu na hladniji dio roštilja, poklopite i pecite, povremeno okrećući, dok termometar s trenutnim očitanjem umetnut u sredinu ne zabilježi 130 stupnjeva F, oko 15 minuta. Ostavite janjetinu da se odmori najmanje 10 minuta prije rezanja na pojedinačne kotlete.

Za lungice, kotlete stavite na rešetku i pecite na roštilju 3 minute, zatim svaki kotlet okrenite za 90 stupnjeva i kuhajte još 3 minute, odnosno dok se kotleti lijepo ne zapeku. Okrenite kotlete i pecite ih s druge strane još oko 6 minuta, okrećući ih napola. Iznutra bi još trebali biti ružičasti. Prebacite kotlete na topli tanjur da odstoje 5 minuta prije posluživanja.

Dok se janjetina odmara, prerežite limune na pola, lagano ih premažite uljem i pecite na roštilju, s prerezanom stranom prema dolje, dok lijepo ne pougljene, oko 3 minute. Janjeće kotlete složite na pladanj s pečenim limunom i listićima mente.

22. Meyerov rižoto od limuna s rakovima dungenessom

ČINI 6 PORCIJA

SASTOJCI

5 do 6 šalica lagano aromatizirane juhe od povrća

1 Meyer limun, kora uklonjena gulilicom za povrće (sačuvajte i voće i koru)

2 žlice neslanog maslaca

2 žlice ekstra djevičanskog maslinovog ulja

1 mali luk, narezan na kockice od ½ inča (oko 1 šalice)

1 stabljika zelenog češnjaka, lukovica i nježni zeleni dijelovi sitno nasjeckani ili 1 veliki češanj češnjaka, sitno nasjeckan

1½ šalice arborio riže

½ šalice suhog bijelog vina ili vermuta

8 unci svježeg mesa rakova

1 unca Parmigiano-Reggiano sira, sitno naribanog (oko ½ šalice)

1 žlica grubo nasjeckanog svježeg estragona, plus još za ukras

¼ šalice crème fraîche

¼ šalice sitno mljevenog svježeg vlasca

UPUTE

U velikom loncu na srednjoj vatri zakuhajte juhu. Dodajte koricu limuna i maknite posudu s vatre. Pokrijte i ostavite sa strane. U tavi s debelim dnom na srednje niskoj vatri otopite maslac. Kad se maslac zapjeni, dodajte ulje i luk i kuhajte uz povremeno miješanje dok luk ne omekša i postane proziran, oko 5 minuta. Pojačajte vatru na srednje jaku, dodajte češnjak i rižu i miješajte dok riža ne zamiriše na tost, oko 4 minute. Dodajte vino i pirjajte uz povremeno miješanje dok ne postane glazurno, oko 5 minuta. Dodajte 1 šalicu tople juhe, promiješajte da prekrije žitarice i kuhajte uz često miješanje dok se juha gotovo u potpunosti ne upije prije dodavanja još. Ponovite i dalje miješajući dok ne ostane samo oko ½ šalice juhe ili dok riža ne postane kremasta i kuhana, oko 45 minuta. Rezervirajte juhu.

Uklonite koru iz juhe i sitno je nasjeckajte. Izrežite limun na rezove i sitno nasjeckajte pulpu, uklanjajući sve sjemenke. Umiješajte koru i pulpu u rižu i kuhajte dok se ne zagriju, oko 3 minute. Umiješajte meso rakova, sir i estragon, po potrebi dodajte malo juhe da olabavite rižoto. Kad se sir otopi, a rakovica dobro raspoređena i topla, nakon otprilike 3 minute umiješajte crème fraîche. Poslužite odmah, ukrašeno vlascem i listićima estragona.

23. Cedar plank-losos na žaru s limunom

ČINI 4 DO 6 PORCIJA
SASTOJCI
¼ šalice svijetlo smeđeg šećera
3 žlice košer soli
½ nasjeckanog svježeg kopra, podijeljenog
1 žlica sitno naribane korice limuna
1 (2 funte) file lososa ili 6 (5½ unce) središnjih fileta, s kožom
1 (6 sa 15 inča) cedrovina ili bilo koja veličina koja odgovara duljini i širini vaše ribe
5 žlica ekstra djevičanskog maslinovog ulja, podijeljeno, plus dodatak za četkanje daske
2 limuna, tanko narezana
1 manji mladi ili slatki luk narezan na tanke ploške
1 mala lukovica komorača, tanko narezana
¼ šalice lagano zbijenih listova komorača, grubo nasjeckanih

UPUTE

U maloj posudi pomiješajte šećer, sol, ¼ šalice kopra i koricu. Posušite losos papirnatim ručnikom i posložite ga u plitku staklenu posudu za pečenje i premažite sve strane salom. Pokrijte i stavite u hladnjak na 2 sata.

Prethodno zagrijte plinski roštilj na visoku temperaturu, oko 450 stupnjeva F, ili pripremite roštilj na drveni ugljen za izravno kuhanje na užarenom ugljenu. Dasku obilato premažite uljem s obje strane. Položite oko dvije trećine narezanih limuna na dasku u jednom sloju.

Prepolovite preostale narezane limune i dodajte ih u srednje veliku zdjelu s lukom i komoračem. Dodajte 2 žlice ulja i rukama promiješajte sastojke i premažite ih. Dodajte preostale ¼ šalice kopra, listove komorača i mali prstohvat soli.

Posložite losos na dasku preko limuna. Nasipajte mješavinu povrća na vrh i oko strana ribe, pokrivajući meso. Po vrhu pokapajte preostale 3 žlice ulja. Stavite dasku na roštilj; trebalo bi biti dovoljno vruće da se daska zapali. Pustite da izgori daska oko ribe (limuni i povrće će spriječiti da losos zagori) i zatvorite poklopac. Nastavite kuhati dok najdeblji dio fileta ne zabilježi 130 do 135 stupnjeva F na termometru s trenutnim očitavanjem, oko 15 minuta, ovisno o debljini.

24. Odrezak na žaru s pougljenim chimichurrijem od limuna

ČINI 4 PORCIJE
SASTOJCI
ZA CHIMICHURRI:
1 manji limun
1 mali jalapeño
½ šalice ekstra djevičanskog maslinovog ulja, plus dodatak za miješanje sastojaka i podmazivanje roštilja
1½ žličice košer soli, podijeljene
1 šalica lagano upakiranih ravnih listova peršina
1 šalica lagano upakiranih svježih listova cilantra
3 žlice svježih listova origana
2 češnja češnjaka krupno nasjeckana
1 žlica krupno nasjeckane ljutike
1 žlica bijelog vinskog octa
1 suknja s boka ili ravni odrezak (oko 1½ funte)
Košer sol i svježe mljeveni crni papar
UPUTE
Da biste napravili chimichurri, odrežite cvjetove i krajeve stabljike limuna, uklanjajući dovoljno kore da se vidi pulpa. Narežite limun na kriške debljine ¼ inča i stavite ih u malu zdjelu s jalapeñom. Prelijte s malo ulja i ¼ žličice soli i pecite na roštilju dok lagano ne pougljeni. Stavite kriške limuna i jalapeño natrag u zdjelu i pokrijte tanjurom ili plastičnom folijom. Para će ih lagano sklopiti, zbog čega će se koža jalapeña lako ukloniti. Ogulite jalapeño i očistite ga od sjemenki (ostavite malo sjemenki i opne ako želite pikantnost). Uklonite sve sjemenke s kriški limuna. Stavite oba sastojka u zdjelu multipraktika i nekoliko puta promiješajte da se grubo nasjeckaju.
Dodajte preostalu 1¼ žličice soli, peršin, cilantro, origano, češnjak, ljutiku i ocat. Pulsirajte sastojke u kratkim naletima, kako biste ih nasjeckali i sjedinili bez stvaranja previše finog pirea. Dok motor radi, nakapajte ulje. Izvadite umak u srednje

veliku zdjelu i ostavite ga najmanje 2 sata ili do preko noći. Prije posluživanja probajte sol, dodajte još ako je potrebno.
Odrezak osušite papirnatim ručnikom i obilno ga začinite solju i paprom. Prethodno zagrijte plinski roštilj na visoku temperaturu, oko 450 stupnjeva F, ili pripremite roštilj na drveni ugljen za izravno kuhanje na užarenom ugljenu. Očistite rešetku i lagano je nauljite. Kad se roštilj zagrije, odrezak položite na rešetku. Za rare do srednje pečeno, pecite 3 minute s jedne strane, okrenite odrezak i pecite još 3 minute s druge strane (ovo može varirati, ovisno o veličini i debljini odreska). Skinite odrezak s roštilja i ostavite ga da odstoji najmanje 5 minuta prije nego što ga narežete na tanke ploške.
Za posluživanje, položite kriške na pladanj, pokapajte ih sokom koji je preostao od rezanja i žlicom stavite malo chimichurrija na vrh. Poslužite odmah i dodajte preostali chimichurri.

25. Dinstana govedina s konzerviranim limunom i harissom

ČINI 4 DO 6 PORCIJA

SASTOJCI

1 (3 funte) pečenke s kostima ili 2 funte pirjanog mesa
Košer sol i svježe mljeveni crni papar
3 žlice ekstra djevičanskog
maslinovog ulja I srednji luk,
narezan na velike kockice
1 konzervirani limun ili kupljen u trgovini, ispran i sitno nasjeckan (samo kora)
3 češnja češnjaka, sitno nasjeckana
1½ žličice ras al hanout (vidi napomenu)
1 žličica sjemenki kima, krupno samljevenih
1 čajna žličica sjemenki korijandera, grubo mljevenih
1 do 3 žlice harissa, ovisno o željenoj razini topline
3 šalice goveđeg temeljca ili juhe od povrća
2 grančice svježeg timijana
1 list lovora
1 šalica lagano napuknutog, grubo nasjeckanog plosnatog peršinovog lišća
½ šalice lagano upakiranih, grubo nasjeckanih listova cilantra

UPUTE

Zagrijte pećnicu na 325 stupnjeva F.

Meso osušite papirnatim ručnikom i dobro posolite i popaprite. U pećnici ili teškoj tavi otpornoj na pećnicu s poklopcem zagrijte ulje na srednje jakoj vatri. Dodajte meso i pržite ga 3 do 4 minute sa svake strane za chuck pečenje ili popržite meso sa svih strana za gulaš. Pazite da ne pretrpate tavu, po potrebi pržite u 2 serije.

Izvadite pečenu govedinu iz tave u veliku zdjelu. Dodajte luk u tavu i kuhajte, često miješajući da se ostružu smeđi komadići na dnu. Nakon 3 ili 4 minute, ili kada luk malo omekša, dodajte limun, češnjak, ras al hanout, kumin, korijander i harissu. Nastavite kuhati nekoliko minuta, dok sastojci ne poprime miris. Vratite meso u tavu, zajedno s eventualnim sokovima u zdjeli. Dodajte temeljac, majčinu dušicu i lovorov list te smjesu zakuhajte. Pažljivo maknite posudu s vatre, pokrijte je poklopcem i stavite u pećnicu.

Kuhajte govedinu 2 sata (za gulaš) ili 3 do $3\frac{1}{2}$ sata za veće komade s kostima. Povremeno provjerite razinu temeljca, dodajte malo vode ako je razina niska ili se tava ili meso čine suhi. Meso je spremno kada postane mekano i otpadne s kosti. Za posluživanje začinite po ukusu dodatnom soli i paprom te dodajte peršin i cilantro.

26. Salata od kruha i piletine s vinaigretteom

ČINI 4 DO 6 PORCIJA
SASTOJCI
ZA VINAIGRET:
1 limun, prepolovljen
8 unci ljutike, oguljene, prepolovljene ako su velike
3 veliki češnjevi češnjaka, neoguljeni
¾ šalice ekstra djevičanskog maslinovog ulja, podijeljeno
4 grančice svježeg timijana, razdijeljene
2½ žličice košer soli, podijeljene
Sok od 1 limuna
12 unci seljačkog, rustikalnog kruha, grubo natrganog na komade od 1 inča (oko 5 šalica)
3 žlice ekstra djevičanskog maslinovog ulja
Svježe mljeveni crni papar
4 šalice ostataka pečene piletine, nasjeckane ili izrezane na komade veličine zalogaja
3 žlice ribiza, otopljene u toploj vodi 10 minuta i ocijeđene
4 šalice lagano nabijenog bibera, poput rikule, potočarke ili malog crvenog senfa

UPUTE
Zagrijte pećnicu na 400 stupnjeva F.
Kako biste napravili vinaigrette, u srednjoj zdjeli pomiješajte polovice limuna s ljutikom i češnjakom. Dobro ih pomiješajte s ¼ šalice ulja, 2 grančice timijana i 1 žličicom soli te ih prebacite u posudu za pečenje. Prerezanu stranu limuna okrenite prema dolje i rasporedite sastojke u jednom sloju. Pokrijte tavu aluminijskom folijom i pecite uz povremeno miješanje dok ljutika ne omekša i karamelizira se 45 do 55 minuta. Izvadite pleh iz pećnice i ostavite sa strane da se ohladi.
Povećajte temperaturu pećnice na 425 stupnjeva F. Prelijte kruh uljem i začinite solju i paprom po ukusu. Rasporedite kruh na lim za pečenje u jednom sloju i tostirajte 10 do 12 minuta ili

dok ne postane lagano zlatnosmeđ i još uvijek lagano žvače. Nakon tostiranja kruha ostavite pećnicu uključenu.

U međuvremenu očistite i grubo nasjeckajte pulpu pečenih polovica limuna, odbacite koru. Ljutici odrežite vrhove korijena, a češnjak ogulite. Dodajte ih sve u blender, zajedno s preostalom 1½ žličicom soli, limunovim sokom i svim sokovima koji su ostali u posudi za pečenje. Miješajte dok ne dobijete glatku smjesu i dok mikser radi, polako ulijevajte preostalu ½ šalice ulja dok smjesa ne postane emulgirana. Listiće majčine dušice s preostalih grančica grubo nasjeckajte i dodajte u blender. Ponovno promiješajte da se sjedini i začinite paprom po želji.

U velikoj zdjeli prelijte piletinu s dovoljno vinaigrette da se navlaži. Dodajte prepečeni kruh i još vinaigrette dok sve ne bude lagano obloženo. Rasporedite sadržaj zdjele u jednom sloju na lim za pečenje i stavite u pećnicu na kratko da se zagrije, oko 4 minute.

Izvadite posudu iz pećnice i okrenite kruh i piletinu u zdjelu ili pladanj za posluživanje, zajedno s ribizlom i zelenilom. Dobro promiješajte da se sjedini, dodajući još vinaigrette po ukusu.

27. Pileća juha od limuna i parmezana sa okruglicama od začinskog bilja

ČINI 8 PORCIJA
SASTOJCI
1 (4 do 4½ funte) pašnje piletine
5 mrkvi, podijeljenih
2 velika poriluka (oko 1 funte), dobro oprana
2 češnja češnjaka, zdrobljena
2 stabljike celera, narezane na komade od 2 inča
1 manja glavica luka oguljena i prepolovljena
4 grančice svježeg timijana
2 lista lovora
2 žličice crnog papra u zrnu
Košer sol i svježe mljeveni crni papar
1 žlica neslanog maslaca
1 žlica ekstra djevičanskog maslinovog ulja
4 duge trake limunove korice, uklonjene gulilicom za povrće
1 srednja korica sira Parmigiano-Reggiano (oko 6 unci)
ZA Knedle:
2 šalice nebijeljenog višenamjenskog brašna
2 žličice praška za pecivo
2 žličice košer soli
1 žličica svježe mljevenog crnog papra
2 žličice sitno nasjeckane korice limuna
¼ šalice grubo nasjeckanog mekog svježeg začinskog bilja, poput estragona, vlasca i peršina
½ unce Parmigiano-Reggiano sira, sitno naribanog (oko ¼ šalice)
1 šalica punomasnog mlijeka
2 jaja, lagano tukli
¼ šalice (½ štapića) neslanog maslaca, otopljenog i lagano ohlađenog

UPUTE:

Stavite piletinu u veliki temeljac s 2 mrkve, narezane na velike komade; zeleni dijelovi poriluka, izrezani na komade od 1 inča; i češnjak, celer, luk, majčina dušica, lovorov list i papar u zrnu. Dodajte toliko hladne vode da prekrije piletinu. Pustite da zakipi na srednje jakoj vatri, smanjite vatru i lagano kuhajte 45 minuta do 1 sat, dok piletina ne omekša.

Premjestite piletinu u zdjelu da se ohladi. Kada se piletina dovoljno ohladi za rukovanje, nježno je razdvojite i uklonite kožu i kosti s polovice ptice, npr. buta, buta i krila te polovice mesa prsa. Odbacite kožu, dodajte kosti natrag u temeljac, a piletinu ostavite za juhu. Ohladite ostatak piletine u hermetički zatvorenoj posudi za drugu upotrebu, kao što je tostirani kruh i salata od piletine s pečenim vinaigretteom od limuna i šalote. Nastavite kuhati temeljac dok se ne smanji za jednu trećinu, oko 1 sat. Procijedite ga kroz fino sito u veliku zdjelu, odbacujući krutine. Trebali biste imati 8 do 10 šalica temeljca. Začinite ga solju i paprom
ukus.

U širokom loncu ili pećnici na srednje jakoj vatri zagrijte maslac i ulje. Dodajte bjelanjke poriluka, prepolovljene i narezane na komade od ½ inča, i preostalu mrkvu, narezanu na kovanice debljine ¼ inča. Pirjajte nekoliko minuta prije dodavanja korice, korice i temeljca. Smanjite vatru i lagano kuhajte juhu dok radite okruglice.

Za izradu knedli, u srednjoj zdjeli pomiješajte brašno, prašak za pecivo, sol, papar, koricu, začinsko bilje i sir. Napravite udubljenje u sredini i dodajte mlijeko i jaja, miješajući ih zajedno i dodajući brašno dok idete. Prijeđite na drvenu kuhaču i polako umiješajte maslac dok se sastojci dobro ne sjedine. U ovom trenutku tijesto bi trebalo biti dovoljno rahlo da se lako miješa, ali ne i kašasto. Tijekom miješanja lopaticom stružite stijenke zdjele kako biste uklopili sve suhe sastojke. Oduprite se želji za pretjeranim miješanjem, iako tijesto izgleda kao mokra čupava masa.

S 2 žličice oblikujte okruglice od tijesta koje odjednom spuštajte direktno u juhu koja se kuha. Poklopite lonac i pirjajte okruglice 5 minuta prije nego provjerite jesu li isplivale na vrh. Ako jesu, okrenite ih, dodajte ostavljenu piletinu i nastavite pirjati dok se knedle ne skuhaju, a piletina ugrije, oko 10 minuta. Poslužite odmah i nastavite uživati u ostacima sljedeća 2 do 3 dana.

28. Narančaste palačinke od bundeve

SASTOJCI:
10 g mljevenog lanenog brašna
45 ml vode
235 ml nezaslađenog sojinog mlijeka
15 ml soka od limuna
60 g heljdinog brašna
60 g višenamjenskog brašna
8 g praška za pecivo, bez aluminija
2 žličice sitno ribane narančine korice
25 g bijelih chia sjemenki
120 g bio pirea od bundeve (ili samo ispecite bundevu i pasirajte meso)
30 ml otopljenog i ohlađenog kokosovog ulja
5 ml paste od vanilije
30 ml čistog javorovog sirupa

UPUTE:
Pomiješajte mljeveno laneno brašno s vodom u maloj posudi. Stavite sa strane na 10 minuta. Pomiješajte bademovo mlijeko i jabukov ocat u srednjoj zdjeli. Stavite sa strane na 5 minuta.
U posebnoj velikoj zdjeli pomiješajte heljdino brašno, višenamjensko brašno, prašak za pecivo, narančinu koricu i chia sjemenke.
Ulijte bademovo mlijeko, zajedno s pireom od bundeve, kokosovim uljem, vanilijom i javorovim sirupom.
Miješajte dok ne dobijete glatku smjesu.
Zagrijte veliku neljepljivu tavu na srednje jakoj vatri. Nježno premažite tavu s malo kokosovog ulja.
Ulijte 60 ml tijesta u tavu. Pecite palačinku 1 minutu, ili dok se na površini ne pojave mjehurići.
Palačinku lagano podignite lopaticom i preokrenite.
Kuhajte još 1 1/2 minute. Izvucite palačinku na tanjur. Ponovite s preostalim tijestom.

29. Kajgana od tofua od špinata

KISELO VRHNJE:
75 g sirovih indijskih oraščića, namočenih preko noći,
30 ml soka od limuna,
5 g prehrambenog kvasca,
60 ml vode 1 dobar prstohvat soli,

KAGANA S TOFUOM:
15 ml maslinovog ulja.
1 manji luk, narezan na kockice.
1 režanj češnjaka, samljeven.
400 čvrstih tofua, prešanih, izmrvljenih.
1/2 žličice mljevenog kima.
1/2 žličice curry praha.
1/2 žličice kurkume.
2 rajčice, narezane na kockice.
30 g mladog špinata
Sol, po ukusu.

UPUTE:
Napravite kiselo vrhnje od indijskih oraščića; namočene indijske oraščiće isperite i ocijedite.
Indijske oraščiće, limunov sok, prehrambeni kvasac, vodu i sol stavite u procesor hrane.
Miješajte na visokoj razini dok ne postane glatko, 5-6 minuta.
Prebacite u zdjelu i stavite sa strane. Napravite tofu scramble; zagrijte maslinovo ulje u tavi.
Dodajte luk i kuhajte 5 minuta na srednje jakoj temperaturi.
Dodajte češnjak i kuhajte uz miješanje 1 minutu.
Dodajte izmrvljeni tofu i promiješajte da se prekrije uljem.
Dodajte kumin, curry i kurkumu. Kuhajte tofu 2 minute.
Dodajte rajčice i kuhajte 2 minute.
Dodajte špinat i kuhajte, miješajući dok potpuno ne uvene, oko 1 minutu. Prebacite tofu scramble na tanjur.
Prelijte kiselim vrhnjem i poslužite.

30. Chia zob preko noći

SASTOJCI:

470 ml punomasnog sojinog mlijeka.
90 g starinskih zobenih zobi.
40 g chia sjemenki.
15 ml čistog javorovog sirupa.
25 g mljevenih pistacija.
Džem od kupina:
500 g kupina.
45 ml čistog javorovog sirupa.
30 ml vode.
45 g chia sjemenki.
15 ml soka od limuna.

UPUTE:

Napravite zob; u velikoj zdjeli pomiješajte sojino mlijeko, zob, chia sjemenke i javorov sirup.
Pokrijte i stavite u hladnjak preko noći.
Napravite pekmez; pomiješajte kupine, javorov sirup i vodu u loncu. Pirjajte na srednjoj vatri 10 minuta.
Dodajte chia sjemenke i pirjajte kupine 10 minuta.
Maknite s vatre i umiješajte sok od limuna. Kupine izgnječite vilicom i ostavite sa strane da se ohlade.
Sastaviti; Podijelite zobene pahuljice u četiri zdjelice za posluživanje.
Prelijte svaku zdjelicu džemom od kupina.
Prije posluživanja pospite pistacijama.

31. Humus od pečene mrkve

SASTOJCI:
1 limenka slanutka, isprati i ocijediti.
3 mrkve.
1 češanj češnjaka.
1 žličica paprike.
1 napunjena žlica tahinija.
Sok od 1 limuna
2 žlice dodatnog djevičanskog maslinovog ulja.
6 žlica vode.
1/2 žličice kumina u prahu.
Posolite po ukusu.

UPUTE:
Zagrijte pećnicu na 400°F. Mrkvu operite i ogulite te je narežite na sitne komadiće, stavite u lim za pečenje pokapan maslinovim uljem, prstohvatom soli i pola žličice paprike. Pecite oko 35 minuta dok mrkva ne omekša.
Izvadite ih iz pećnice i ostavite da se ohlade.
Dok se hlade pripremite humus: slanutak operite i dobro ocijedite te ga stavite u mlin za hranu s ostatkom aktivnih sastojaka i procedite dok ne dobijete ujednačenu smjesu. Zatim dodajte mrkvu i češnjak i ponovite postupak!

32. Torta s nadjevom od limuna

MERINGUE LJUSKA
3 veća bjelanjka
¼ žličice tartar kreme
¼ žličice košer soli
10 paketića zaslađivača aspartama

PUNJENJE
2¼ šalice vode
Naribana korica 1 limuna plus sok
30 paketića zaslađivača aspartama
1/3 šalice plus 2 žlice kukuruznog škroba
2 velika jaja i 2 velika bjelanjka
2 žlice neslanog maslaca

Istucite 3 bjelanjka u srednjoj zdjeli dok ne postanu pjenasti. Dodajte kremu od tartara, sol i zaslađivač i tucite u čvrsti vrh. Lim za pečenje obložite papirom za pečenje i izlijte meringu na papir.

U međuvremenu napravite nadjev: pomiješajte vodu, limunovu koricu i sok, sol, zaslađivač i kukuruzni škrob u srednje velikoj tavi.

Pustite da zakipi na srednje jakoj vatri uz stalno miješanje. U maloj posudi istucite dva jaja i dva bjelanjka. Umiješajte otprilike polovicu vruće smjese kukuruznog škroba, a zatim umiješajte ovu smjesu jaja natrag u smjesu kukuruznog škroba koja je ostala u tavi. Kuhajte i miješajte na laganoj vatri 1 minutu.

Maknite s vatre i umiješajte maslac. Smjesu ulijte u skuhanu i ohlađenu beze koru. Povrh stavite narezane jagode i odmah poslužite.

33. Talijanski kolač od sira

SASTOJCI:
2 šalice djelomično obranog ricotta sira
3 velika jaja
2 žlice kukuruznog škroba
2 paketića zaslađivača aspartama
1½ žličice ekstrakta limuna
1 šalica svježih malina
¼ šalice čistog voća od crvenog ribiza

Zagrijte pećnicu na 325°F. Premažite maslacem tanjur za pitu od 9 inča. U velikoj zdjeli istucite zajedno ricottu i jaja dok smjesa ne postane glatka.

Pomiješajte kukuruzni škrob, zaslađivač i ekstrakt limuna. Okrenite u pripremljeni tanjur za pite. Pecite na srednjoj polici pećnice 1 sat ili dok nož umetnut u sredinu ne izađe čist.

Ohladite na rešetki, a zatim ohladite. Na vrh stavite svježe maline. Otopite konzerve u mikrovalnoj pećnici na visokoj (100 posto snage) 30 sekundi, a zatim pokapajte preko bobičastog voća.

Ostavite u hladnjaku do vremena za posluživanje.

34. Lemon fluff

SASTOJCI:
2 velika jaja, odvojena
2 šalice mlijeka
1 omotnica želatine bez okusa
1 paket zaslađivača aspartama
1 žlica šećera
2 žličice ekstrakta limuna
1 žličica ribane korice limuna

U srednje jakoj tavi tucite žumanjke dok ne budu gusti i limunasti. Umiješajte mlijeko i želatinu i ostavite 5 minuta da omekša.

Dodajte zaslađivač i šećer i kuhajte na laganoj vatri uz stalno miješanje 5 minuta. Maknite s vatre i umiješajte ekstrakt i koricu limuna.

stavite u veliku, plitku zdjelu i ohladite u velikoj zdjeli ispunjenoj ledenom vodom.

U međuvremenu, u srednjoj zdjeli, tucite bjelanjke dok ne postanu mekani snijeg. Umiješajte u smjesu limuna.

Stavite žlicom u šest posuda za desert i ohladite dok se ne stegne.

35. Smoky salata od slanutka i tune

TUNJEVINA SA SLANUTKOM:
15 oz. kuhanog slanutka iz konzerve ili na drugi način.
2-3 žlice nemliječnog običnog jogurta ili veganskog majoneza.
2 žličice Dijon senfa.
1/2 žličice mljevenog kima.
1/2 žličice dimljene paprike.
1 žlica svježeg soka od limuna.
1 stabljika celera narezana na kockice.
2 mladi luk nasjeckan.
Morska sol po ukusu.

MONTAŽA SENDVIČA:
4 komada raženog kruha ili kruha od proklijale pšenice.
1 šalica špinata za dojenčad.
1 avokado narezan na ploške ili kockice.
Sol + papar.

UPUTE:
Pripremite salatu od slanutka i tune

U procesoru hrane izmiješajte slanutak dok ne dobije grubu, mrvičastu strukturu. Žlicom stavite slanutak u zdjelu srednje veličine i dodajte ostatak aktivnih sastojaka, miješajući dok se dobro ne sjedini. Začinite s dosta morske soli po vlastitom ukusu.

Napravite svoj sendvič

Slojevi mladog špinata na svaku krišku kruha; dodajte nekoliko hrpica salate od slanutka i tune, ravnomjerno rasporedivši. Na vrh stavite kriške avokada, nekoliko zrna morske soli i svježe mljeveni papar.

36. Tajlandska salata od kvinoje

ZA SALATU:

1/2 šalice kuhane kvinoje Koristila sam kombinaciju crvene i bijele.
3 žlice naribane mrkve.
2 žlice crvene paprike, pažljivo narezane.
3 žlice krastavca, sitno narezanog.
Ako je smrznut, 1/2 šalice odmrznutog edamama.
2 mladog luka, sitno nasjeckanog.
1/4 šalice crvenog kupusa, sitno narezanog.
1 žlice cilantra, pažljivo nasjeckanog.
2 žlice prženog kikirikija, nasjeckanog (po želji).
Za okus soli.

TAJLANDSKI PRELJEV OD KIKIRIKIJA:

1 žlice kremastog prirodnog maslaca od kikirikija.
2 žličice sojinog umaka s malo soli.
1 žličica rižinog octa.
1/2 žličice sezamovog ulja.
1/2 - 1 žličice sriracha umaka (po želji).
1 češanj češnjaka, pažljivo samljeven.
1/2 žličice naribanog đumbira.
1 žličica soka od limuna.
1/2 žličice nektara agave (ili meda).

UPUTE:

Napravite tajlandski preljev od kikirikija:
Pomiješajte sve sastojke za nošenje u maloj posudi i miksajte dok se dobro ne sjedine.
Za pripremu salate:
Pomiješajte kvinoju s povrćem u zdjeli za miješanje. Dodajte preljev i dobro izmiješajte da se sjedini.
Poprskajte pečeni kikiriki po vrhu i poslužite!

37. Turska grah salata

ZA SALATU:
1 1/2 šalice kuhanog bijelog graha.
1/2 šalice nasjeckane rajčice.
1/2 šalice narezanog krastavca.
2 zelene paprike, narezane na ploške.
1/4 šalice narezanog peršina.
1/4 šalice nasjeckanog svježeg kopra.
1/4 šalice narezanog mladog luka.
4 tvrdo kuhana jaja.

ZAVOJ
Za brze kisele krastavce od luka:
2 šalice tople vode.
2 glavice crvenog luka sitno narezane.
1 žlica limunovog soka.
1 žličica octa.
1 žličica soli.
1 žličica sumaka.

UPUTE:
U velikoj zdjeli pomiješajte sve sastojke za salatu osim jaja.
Sve za dresing umutiti i staviti preko salate. Dobro promiješajte i na vrh stavite narezana ili prepolovljena jaja.
Kako napraviti brze kisele krastavce od luka:
Narezani luk bacite u jako vruću vodu, blanširajte minutu i prebacite u vrlo hladnu vodu da se prestane kuhati. Ostavite ih nekoliko minuta u hladnoj vodi i dobro ocijedite.
Pomiješajte sok od limuna, sol, ocat i ruj pa to stavite preko ocijeđenog luka. Sve je spremno za korištenje u roku od 5 do 10 minuta. Što duže čeka, boja je svjetlija.
Dodajte crveni luk u smjesu salate i dobro promiješajte.
Ostavite malo dodatnog luka za vrh.
Podijelite salatu u zdjelice i prelijte s još malo crvenog luka.

38. Zdjelice za povrće i kvinoju

POVRĆE:
4 srednje cijele mrkve.
1 1/2 šalice na četvrtine narezanog žutog krumpira za dojenčad.
2 žlice javorovog sirupa.
2 žlice maslinovog ulja.
1 zdravi prstohvat morske soli + crni papar.
1 žlice narezanog svježeg ružmarina.
2 šalice prepolovljene prokulice.

KVINOJA:
1 šalica bijele kvinoje dobro isprane + ocijeđene.
1 3/4 šalice vode.
1 prstohvat morske soli.

UMAK:
1/2 šalice tahinija.
1 limun srednje veličine, iscijeđen (prinos - 3 žlice ili 45 ml).
2-3 žlice javorovog sirupa.
Za posluživanje po želji:
Svježe začinsko bilje (peršin, majčina dušica i tako dalje).
Nar arils.

UPUTE:

Zagrijte pećnicu na 400 stupnjeva F (204 °C) i obložite lim za pečenje papirom za pečenje

Stavite mrkvu i krumpir na lim i pokapajte polovicom javorovog sirupa, polovinom maslinovog ulja, soli, paprom i ružmarinom. Bacite za integraciju. Zatim pecite 12 minuta.

U međuvremenu zagrijte tavu na srednje jakoj vatri. Kad se zagrije, dodajte ispranu kvinoju da se lagano proprži prije dodavanja vode da ispari ostatak vlage i naglasi orašasti okus. Pripremite 2-3 minute uz često miješanje. Dodajte vodu i prstohvat soli. Na kraju pripremite preljev.

Za posluživanje podijelite kvinoju i povrće u zdjelice za posluživanje i prelijte ih obilato tahini umakom. Prednjači s izborom ukrasa poput šipka ili svježeg začinskog bilja.

39. Buddha zdjela od kvinoje i slanutka

SLANUTAK:
1 šalica suhog slanutka.
1/2 žličice morske soli.
KVINOJA:
1 žlica maslinovog ulja, ulja sjemenki grožđa ili avokada (ili kokosa).
1 šalica bijele kvinoje (dobro isprane).
1 3/4 šalice vode.
1 zdrav prstohvat morske soli.
KELJ:
1 veliko pakiranje kovrčavog kelja
Tahini umak:
1/2 šalice tahinija.
1/4 žličice morske soli.
1/4 žličice češnjaka u prahu.
1/4 šalice vode.
ZA POSLUŽIVANJE:
Svježi sok od limuna.

UPUTE:

Ili namočite slanutak preko noći u hladnoj vodi ili upotrijebite pristup brzog namakanja: dodajte isprani slanutak u veliki lonac i pokrijte ga s 2 inča vode. Ocijedite, isperite i vratite u lonac.
Za kuhanje namočenog slanutka dodajte ga u veliki lonac i pokrijte s 2 inča vode. Pustite da zavrije na jakoj vatri, zatim smanjite vatru da lagano kuha, posolite i promiješajte te kuhajte bez poklopca 40 minuta - 1 sat i 20 minuta.
Uzmite uzorak graha nakon 40 minuta da vidite koliko su mekani. Tražite jednostavno mekano zrno graha s malo zalogaja, a kore će početi otkrivati znakove ljuštenja. Čim je pripremljen, grah ocijedite i stavite sa strane te pospite s još malo soli.
Pripremite preljev tako što ćete dodati tahini, morsku sol i češnjak u prahu u malu zdjelu za miješanje i miješati da se sjedini. Zatim malo po malo dodajte vodu dok ne dobijete umak koji se može razliti.
Dodajte 1/2 inča vode u srednju tavu i pustite da lagano kuha na srednjoj vatri. Kelj odmah maknite s vatre i prebacite u manju posudu za posluživanje.

40. Sendvič od avokada i slanutka

1 može bez soli dodati slanutak ocijediti cijevi i isprati.
1 veliki zreli avokado.
1 1/2 žlice soka od limuna.
1/2 žličice ljute papričice sitno mljevene.
Sol i papar.
4 kriške kruha od cjelovitog zrna.
1 velika treasure rajčica narezana na ploške.
1/2 šalice slatkog mikrozelenja.
1/2 šalice nasjeckane mrkve.
1/2 šalice pripremljene i narezane repe.
UPUTE:
U zdjeli zgnječite avokado dok ne bude relativno gladak, dodajte limunov sok, ljutu čili papričicu i slanutak. Posolite i popaprite.
Za slaganje sendviča, na jednu krišku kruha poslažite ploške rajčice, dodajte mikrozelenje, ciklu, salatu od slanutka i mrkvu. Uživati!

41. Klice sa zelenim grahom

600 g prokulice narezati na četvrtine.
600 g zelenih mahuna.
1 žlica maslinovog ulja.
Korica i sok 1 limuna.
4 žlice prženih pinjola.
UPUTE:
Kuhajte nekoliko sekundi, zatim dodajte povrće i pirjajte 3-4 minute dok klice malo ne oboje.
Dodajte malo soka od limuna te sol i papar po ukusu.

42.Svinjetina sa špagetima

1 žličica maslinovog ulja
12 unci svinjskog fileta, izrezanog na medaljone debljine 1 inča
½ žličice košer soli
¼ žličice svježe mljevenog crnog papra
1 žlica mljevene ljutike
1 šalica suhog crnog vina
¼ žličice kukuruznog škroba
Naribana korica ½ limuna plus 2 žličice svježeg soka od limuna
1 žlica želea od čistog voća (bez dodanog šećera).
1 žličica Dijon senfa
2 šalice Pečene špagete squash

Zagrijte veliku tavu na srednje jakoj vatri, a zatim je premažite uljem. U međuvremenu osušite komade svinjetine na papirnatim ručnicima, posolite i popaprite. Pirjajte dok ne postane hrskavo i smeđe izvana, a ne više ružičasto u sredini, 3 do 4 minute po strani. Prebacite na zagrijane tanjure i rezervirajte.

Dodajte ljutiku u tavu i kuhajte oko 30 sekundi. Dodajte vino, pustite da prokuha i smanjite na otprilike ¼ šalice, oko 5 minuta. Otopite kukuruzni škrob u soku od limuna i umiješajte ga u umak. Kuhajte uz miješanje dok umak ne postane gust i satenastog izgleda. Maknite s vatre i umiješajte žele i senf. Kušajte i prilagodite začine solju i paprom.

Za posluživanje napravite gnijezdo od pečenih špageta na svakom tanjuru i nadjenite svinjske medaljone i umak.

43. Začinjeni falafel od kvinoje

SASTOJCI:
1 šalica kuhane kvinoje.
1 limenka garbanzo graha.
Pola manjeg crvenog luka.
1 žlice tahinija.
2 žličice kima u prahu.
1 žličica korijandera u prahu.
1/4 šalice nasjeckanog peršina.
3 češnja češnjaka.
Sok od pola limuna.
1 žlica kokosovog ulja.
1 žlica tamarija (GF soja umak).
1/2 - 1 žličice čili pahuljica.
Priprema morske soli.

UPUTE:
Ubacite garbanzo grah, crveni luk, češnjak, tahini, pahuljice čilija, kumin, korijander, limunov sok i sol u mlin za hranu i uključite i isključite puls 15 sekundi tako da razgradi grah, ali ga ne pretvori u pire.
Smjesu rukama razvaljajte u male loptice (oko 2 žlice tijesta za svaku) i stavite na lim za pečenje.
Stavite ih u hladnjak na 1 sat.
Pospite s malo brašna s obje strane.
Zagrijte kokosovo ulje u velikoj tavi na srednje jakoj vatri.
Dodajte falafel kuglice i pecite 3-5 minuta sa svake strane.

44. Karipska sol 'Riba'

4 porcije

SASTOJCI
- 820g topline dlanova
- 2 mlada luka
- 1 glavica žutog luka
- 2 srednje rajčice
- 4 glavice češnjaka
- 1 crvena paprika
- 1 narančasta paprika
- 1 žlica tamarija
- 2 žlice nori pahuljica
- 1 žličica svježe majčine dušice
- sok od limuna
- ružičasta sol i papar
- šaka svježeg peršina
- biljno ulje ili voda za kuhanje

UPUTE:
a) Usitnite ili izmiksajte srce dlana u multipraktiku dok ne dobijete odgovarajuću konzistenciju.
b) Papriku i mladi luk nasjeckajte, a žuti sitno narežite.
c) Dodajte paprike i oba luka u tavu i pirjajte 5 minuta dok lagano ne pokuhaju.
d) Dodajte preostale sastojke bez peršina u tavu, dobro promiješajte i kuhajte još 5 minuta. Ugasite vatru pa ukrasite s puno svježeg peršina.

45. Salata od špinata s krušnim voćem

ČINI 6
SASTOJCI SALATA OD ŠPINATA
- 1 lb. (500 g) svježeg špinata, opranog i osušenog
- 1 žličica soli 1 žličica ulja
- 1 srednji luk, narezan na ploške
- 6 mladog luka, tanko narezanog
- 2 žlice limunovog soka 2 žlice maslinovog ulja

KRUHNO VOĆE
- 1 zelena do poluzrela plodova kruha
- Jako posoljena voda
- Ulje, za prženje

UPUTE:
a) Za pripremu salate od špinata, natrgajte špinat na velike komade i stavite ga u veliku, plitku posudu. Pospite solju i ostavite sa strane 15 minuta.

b) U međuvremenu zagrijte ulje u tavi na srednje jakoj vatri. Dodajte luk i pirjajte dok ne omekša i postane proziran, oko 5 minuta. Staviti na stranu.

c) Ocijedite špinat, ocijedite i stavite listove u zdjelu za posluživanje. Dodajte mladi luk, limunov sok i maslinovo ulje. Lagano promiješajte i ukrasite pirjanim lukom.

ZA PRIPREMU KRUŠNOG VOĆA
d) Kruhovo voće ogulite, narežite na četvrtine i izvadite im jezgru. Narežite po dužini na deblje kriške i namačite 1 sat u slanoj vodi. Izvadite kriške iz vode i osušite ih papirnatim ručnicima.

e) Zagrijte dovoljno ulja da pokrije dno velike tave na srednje jakoj vatri, dok ne postane vrlo vruće, ali bez dimljenja. Pržite kriške kruha nekoliko po nekoliko dok ne porumene, oko 3 do 5 minuta. Ocijedite na papirnatim ručnicima i po želji lagano posolite. Poslužite uz salatu od špinata.

46. Speedy Harissa Chicken and Tabbouleh

Napravi: 4 obroka

Sastojci
- 50 g harissa paste
- 1 žličica ekstra djevičanskog maslinovog ulja
- 1 prstohvat tuljanske soli
- 3 x pileća prsa (probajte s kožom za dodatni okus)
- 180 g bugar pšenice ili kus-kusa (suha težina)
- 40 g peršina (peteljke i listovi)
- 20 g listova metvice
- 6-8 x mladog luka
- 1/2 krastavca
- 4 x rajčice
- 6 žlica grčkog jogurta
- 1/2 limuna (sok i korica)
- 1 češanj češnjaka (mljeven)
- 1 prstohvat morske soli
- 1 šaka sjemenki nara (po želji) Upute

a) Za piletinu: Zagrijte pećnicu na 190°C. U maloj posudi pomiješajte harissa pastu, maslinovo ulje i prstohvat soli.
b) Oštrim nožem zarežite vrhove pilećih prsa, a zatim utrljajte smjesu harise preko pilećih prsa i u zareze.
c) Dok čekate, napravite tabule. Skuhajte bulgar pšenicu ili kus-kus prema uputama na poleđini pakiranja. Kad je kuhano, ocijedite, ulijte u veliku zdjelu za miješanje i vilicom odvojite zrna. Ostaviti da se ohladi.
d) Sitno nasjeckajte peršin, listiće mente, mladi luk, krastavac i
e) Za preljev: jednostavno pomiješajte grčki jogurt, limunov sok i koricu, mljeveni češnjak i morsku sol u zdjeli.
f) Kada su sve komponente spremne, podijelite u tri Tupperware spremnika. Pustite da se ohladi, zatim ohladite i čuvajte do 3 dana.

47. Harissa piletina i marokanski kus-kus

Služi 4

Sastojci
- 500 g pilećih bataka bez kože i kostiju
- 1 žlica ekstra djevičanskog maslinovog ulja
- 2 žlice paste od harise
- ½ limuna (iscijeđenog)
- 1 glavica luka (sitno nasjeckana)
- 3 češnja češnjaka (zgnječena)
- 2 žlice kokosovog ulja
- 1 žličica kumina
- 1 žličica dimljene paprike
- 350 g kus-kusa
- 1 povrtna kocka za temeljac
- 1 litra kuhane vode
- 1 vezica svježeg peršina (sitno nasjeckanog)
- 1 žličica čili pahuljica
- 40 g pinjola
- 50 g grožđica

Upute

a) Prvo dodajte maslinovo ulje, harissa pastu, sol, papar i limunov sok u svoje pileće batake i umasirajte pastu u njih. Nakon premazivanja, ostaviti sa strane i ostaviti da se marinira.

b) U međuvremenu nasjeckajte luk i češnjak, pa u neprianjajućoj tavi zagrijte žlicu kokosovog ulja. Dodajte luk i kuhajte 5 minuta dok ne omekša.

c) Dodajte češnjak u tavu i kuhajte 2 minute prije dodavanja kumina i dimljene paprike. U luk i češnjak umiješajte začine, pa umiješajte suhi kus-kus.

d) Pomiješajte povrtni temeljac i kipuću vodu, a zatim dodajte u tavu. Sve promiješajte dok se ne sjedini i ostavite kus-kus da upije tekućinu.

e) U međuvremenu zagrijte preostalu žlicu kokosovog ulja u tavi od lijevanog željeza ili rešetki na jakoj vatri. Dodajte harissa pileće batake i pecite 4-5 minuta sa svake strane, prije nego što ih izvadite iz tave i ostavite sa strane.
f) Nakon što je kus-kus upio temeljac od povrća i udvostručio se, prebacite ga u veliku zdjelu i dodajte grožđice, pinjole, peršin, sok od ½ limuna, sol, papar i čili pahuljice.
g) Dodajte sloj kus-kusa u svaku svoju posudu za pripremu obroka i na vrh stavite narezanu harissa piletinu.

48. Kremasta piletina s limunom i timijanom

Poslužuje 6

Sastojci
- 2 žličice svježeg timijana
- 2 žličice mješavine začina
- Posolite i popaprite po ukusu
- 6 pilećih bataka bez kože i kostiju
- 1 žlica ulja
- 1 glavica luka (nasjeckana)
- 2 režnja češnjaka (nasjeckanog)
- Sok od 1 limuna
- 100 ml pilećeg temeljca
- 200 ml crème fraiche
- Kriške limuna
- Svježa majčina dušica

Prijedlozi za posluživanje:
- Quinoa (oko 50 g po porciji)
- Nježne stabljike brokule

Upute
a) Prvo pripremite začin tako što ćete u maloj zdjelici pomiješati svježi timijan, miješano bilje, sol i papar. Obilno pospite preko pilećih bataka, pazeći da je premaz ravnomjeran, a preostale začine ostavite sa strane za kasnije korištenje.

b) Zatim dodajte ulje u veliku tavu na srednje jakoj vatri. Kad se zagrije, dodajte pileće batake i pecite nekoliko minuta sa svake strane. Trebali bi biti hrskavi i zapečeni izvana, a potpuno pečeni iznutra (bez ružičastih komadića). Izvadite piletinu iz tave i ostavite sa strane.

c) U istu tavu u kojoj ste pekli piletinu dodajte luk i češnjak i kuhajte nekoliko minuta dok ne omekšaju. Zatim dodajte sok od limuna, pileći temeljac i bilo koju preostalu mješavinu začina, dobro promiješajte da se sjedini i ostavite da prokuha nekoliko minuta.

d) Dodajte crème fraiche, promiješajte i kuhajte još 2-3 minute da se zgusne. Zatim dodajte pileće batake natrag u tavu i ostavite da se zagriju nekoliko minuta.

e) Maknite s vatre i ukrasite kriškama svježeg limuna i malo majčine dušice. Poslužite s kvinojom i uživajte odmah ili je podijelite za pripremu obroka za tjedan dana. Ukusno.

49. Piletina i Chorizo Paella

Poslužuje 5

Sastojci
- 100 g choriza
- 500 g pilećih bataka bez kože
- Posolite i popaprite po ukusu
- 1 glavica luka (nasjeckana)
- 1 žličica kurkume
- 1 žličica paprike
- 2 režnja češnjaka (mljevena)
- 1 crvena paprika (narezana) ◻ 225g paella riže
- 400 ml pilećeg temeljca
- 4 rajčice (nasjeckane)
- 100 g graška

Za ukrašavanje:
- Kriške limuna i limete
- Svježi peršin

Upute

a) Prvo dodajte komade choriza u veliku neprijanjajuću tavu i kuhajte nekoliko minuta dok stranice ne počnu smeđiti i dok ne počnu otpuštati ulja. Zatim izvadite i ostavite sa strane za kasnije.

b) Dodajte pileće batake u tavu i kuhajte ih u prirodnim uljima iz choriza. Začinite solju i paprom i pecite dok ne porumene sa svake strane i ne ostanu ružičasti. Izvadite iz tave i također ostavite sa strane.

c) Zatim dodajte nasjeckani luk i pržite nekoliko minuta dok ne omekša. Zatim dodajte kurkumu, papriku, češnjak i crvenu papriku, dobro promiješajte da se sve prekrije začinima.

d) Nakon par minuta dodajte paellu rižu i promiješajte. Zatim ulijte pileći temeljac i nasjeckanu rajčicu te sve izmiješajte dok se ne sjedini.

e) Dodajte komade choriza natrag u tavu i promiješajte, zatim dodajte pileće batake. Pokrijte posudu poklopcem i pirjajte 15 minuta da se riža skuha i upije tekućinu.

f) Na kraju dodajte grašak, promiješajte i ostavite na toplom nekoliko zadnjih minuta prije nego što skinete s vatre. Poslužite s dosta kriški limete i limuna te ukrasom od svježeg peršina.

50. Pečeni odrezak tune i kriške slatkog krumpira

Čini 4

Sastojci
Za odreske od tune:
- 4 x 150 g tune odreska
- 1 žličica krupne morske soli
- 1 žlica 100% kokosovog ulja (otopljenog)
- 2 žlice ružičastog papra u zrnu
- Za slatki krumpir:
- 4 velika slatka krumpira
- 1 žlica glatkog brašna
- 1/2 žličice soli
- 1/2 žličice papra
- 1/2 žlice 100% kokosovog ulja (otopljenog)

Upute
a) Prvo zagrijte pećnicu na 200°C.
b) Zatim pripremite slatki krumpir. Očistite svaki krumpir i izbockajte ga vilicom. Stavite na tanjur koji se može peći u mikrovalnoj pećnici i pecite u mikrovalnoj pećnici na visokoj temperaturi 4-5 minuta, zatim izvadite iz mikrovalne pećnice i ostavite da se ohladi minutu ili dvije.
c) Nakon što se ohladi dovoljno da se može dodirivati, izrežite slatki krumpir na kriške. Pospite brašno, sol, papar i rastopljeno kokosovo ulje preko kriški i malo ih protresite da se oblože (ovo će ih učiniti super hrskavim). Stavite ih u lim za pečenje i pecite na 200°C 15-20 minuta.
d) Kad su pomfrit od batata skoro gotov, vrijeme je da ispečete svoje odreske od tune. Svaki odrezak premažite otopljenim kokosovim uljem s obje strane, pospite solju i stavite u veliku tavu ili tavu koja je već bila na vatri oko minutu.

e) Odreske tune pržite sa svake strane 1-2 minute ako više volite pečenu tunu ili 3-4 minute sa svake strane ako volite kuhanu.
f) Pripremite kutije za pripremu obroka s podlogom od salate ili listova špinata, zatim podijelite kriške batata i na kraju dodajte odrezak tune. Odrezak pospite mljevenim ružičastim paprom u zrnu i poslužite s kriškom limuna.
g) Čuvati u hermetički zatvorenim posudama u hladnjaku do 3 dana. Kada ste spremni za jelo, uklonite poklopac i labavo ga vratite na vrh, ostavljajući mali razmak. Pecite u mikrovalnoj pećnici na visokoj razini 3 ½ minute ili dok se ne zagrije. Ostavite da odstoji 1 minutu prije jela.

51. Brzi začinjeni cajun losos i povrće od češnjaka

Sastojci
- 3 režnja češnjaka (grubo nasjeckanog)
- 1 limun (narezan na vrlo tanke kolutove)
- 3 fileta divljeg lososa
- 1,5 žlica cajun začina
- 1 žlica maslinovog ulja
- 1 žličica krupne morske soli i crnog papra
- 180g (suha težina) kus-kusa
- 10-12 stabljika brokule nježne stabljike
- 2 tikvice

Upute

a) Zagrijte pećnicu na 160°C. Nasjeckajte suhe krajeve meke stabljike brokule (oko 1 cm) i spiralizirajte tikvice.

b) Brokulu rasporedite u dublju tepsiju, zatim stavite tikvice, češnjak i limun te začinite morskom soli i crnim paprom. Prelijte s malo maslinova ulja.

c) Natrljajte filete lososa sa svih strana preostalim maslinovim uljem i začinom cajun, a zatim ih stavite na povrće, s kožom prema gore. Pecite 25 minuta pa povećajte temperaturu na 180°C i pecite još 5 minuta dok kožica ne počne hrskati.

d) Kuhajte kus-kus prema uputama na pakiranju, a zatim ga podijelite u 3 Tupperware posude. Podijelite losos, povrće i kriške limuna po posudama i ostavite da se ohlade. Pokrijte i stavite u hladnjak do 3 dana.

e) Kad ste spremni za jelo, stavite u mikrovalnu pećnicu na punoj snazi 3 minute ili dok se ne zagrije.

52. Salata od tjestenine od tune

Služi 3

Sastojci
- 200g kuhane tjestenine
- 2 konzerve tune
- 1 limenka kukuruza šećeraca (100 g)
- 2 mrkve (narezane) ☐ 1 žuta paprika (na kockice) Za preljev:
- 4 žlice maslinovog ulja
- 1 limun (sok i korica)
- ½ žličice češnjaka u prahu
- Posolite i popaprite po ukusu

Upute
a) Prvo napravite preljev tako što ćete u malu zdjelu dodati ulje, limunov sok i koricu, češnjak u prahu te sol i papar i dobro promiješati.
b) Zatim dodajte kuhanu tjesteninu u veliku zdjelu, a zatim dodajte nasjeckanu mrkvu, kukuruz šećerac, papriku narezanu na kockice i ocijeđenu tunu. Prelijte preljev preko vrha i zatim velikom žlicom sve pažljivo promiješajte kako bi se sve ravnomjerno rasporedilo.
c) Podijelite u 3 posude za pripremu obroka i čuvajte u hladnjaku sljedećih nekoliko dana. Ručak sređen.

53. Mediteranske pureće mesne okruglice s Tzatzikijem

Broj posluživanja: 50

Sastojci:
- 2 funte mljevene puretine
- 2 žlice maslinovog ulja
- 1 srednja glavica luka, sitno nasjeckana
- Prstohvat soli
- 1 srednja tikvica, naribana
- 1½ žlice nasjeckanih kapara
- ½ šalice sušene rajčice, nasjeckane
- 2 kriške integralnog kruha (ili bijelog kruha)
- ½ šalice peršina
- 1 jaje
- 1 veliki češanj češnjaka, sitno nasjeckan
- ½ žličice košer soli
- ½ žličice crnog papra
- 1 žlica Worcestershire umaka
- ½ šalice nasjeckanog ili naribanog parmezana ☐ 2 žlice sitno nasjeckane svježe mente

Za tzatziki umak
- 8 unci nemasnog običnog jogurta
- 1 veliki češanj češnjaka, samljeven
- 1 limun, oguljen
- 1 žlica svježe metvice
- ½ krastavca, oguljenog

Upute:
a) Zagrijte pećnicu na 375 stupnjeva. Pripremite dva lima za pečenje tako da ih obložite limenom folijom i poprskate sprejom za povrće.

b) Zagrijte 1 žlicu maslinovog ulja na srednje jakoj vatri u srednjoj tavi. Dodajte luk i prstohvat soli i kuhajte dok ne postane proziran. Prebacite luk u veliku zdjelu.
c) U tavu dodajte preostalu žlicu maslinovog ulja i dodajte naribane tikvice. Pospite prstohvatom soli i kuhajte dok tikvice ne uvenu i omekšaju – oko 5 minuta. Prebacite tikvice u zdjelu s lukom. Dodajte kapare i sušene rajčice i promiješajte da se sve sjedini.
d) Stavite kruh u zdjelu mini procesora hrane i miksajte dok ne dobijete fine krušne mrvice. Dodajte peršin i miksajte nekoliko puta dok se peršin ne nasjecka i dobro sjedini s krušnim mrvicama. U zdjelu prebacite krušne mrvice. Dodajte jaje, češnjak, košer sol, crni papar, Worcestershire umak, parmezan i metvicu u zdjelu i promiješajte.
e) Dodajte pureće meso i rukama umiješajte puretinu u smjesu dok se dobro ne sjedini. Zagrabite žlicom smjese za puretinu i razvaljajte je među rukama kako biste oblikovali mesnu okruglicu. Stavite mesne okruglice na lim za kolačiće na udaljenosti od oko 1 inča. Pecite 20-25 minuta dok lagano ne porumene i ispeku se.
f) U međuvremenu napravite tzatziki umak: Pomiješajte češnjak, limun, metvicu i krastavac u maloj posudi i promiješajte smjesu. Dodajte jogurt i promiješajte da se sjedini. Pokrijte i ohladite do posluživanja.
g) Prebacite mesne okruglice na pladanj i poslužite tzatziki sa strane.

54. Lagana meksička salata od slanutka

Služi 4.

Sastojci
- 19oz konzerve slanutka, ispranog i ocijeđenog
- 1 velika rajčica, nasjeckana
- 3 cijela zelena luka, narezana na ploške ILI S šalica crvenog luka narezanog na kockice
- 1/4 šalice sitno nasjeckanog cilantra (svježi korijander)
- 1 avokado, narezan na kockice (po želji)
- 2 žlice biljnog ili maslinovog ulja
- 1 žlica soka od limuna
- 1 žličica kumina
- 1/4 žličice čilija u prahu
- 1/4 žličice soli

Upute
a) U zdjeli umutite ulje, limunov sok, kumin, čili u prahu i sol.
b) Dodajte slanutak, rajčice, luk, cilantro i miješajte dok se ne sjedine.
c) Ako koristite avokado, dodajte ga neposredno prije posluživanja. Može stajati u hladnjaku do 2 dana.

55. Kaneloni od tofua i špinata

Za 3-4 porcije
Sastojci
- 8 cannelloni/manicotti rezanaca (bez glutena ako je potrebno), kuhanih al dente
- 116 oz. staklenku vašeg omiljenog umaka za tjesteninu
- 2 žlice maslinovog ulja
- 1 srednja glavica luka, nasjeckana
- 1 1o oz. pakiranje smrznutog špinata, odmrznutog i nasjeckanog – odn
  1 vrećica svježeg mladog špinata, nasjeckanog
- 16 oz. čvrsti ili svilenkasti tofu
- 1/2 šalice namočenih indijskih oraščića, ocijeđenih i sitno mljevenih (po želji)
- 1/4 šalice nasjeckane mrkve (po želji)
- 2 žlice soka od limuna
- 1 režanj češnjaka, samljeven
- 1 žlica prehrambenog kvasca
- 1 žličica soli
- 1/4 žličice crnog papra
- Naribani veganski sir, poput Daiya (po želji)

Upute
a) U neprianjajućoj tavi pirjajte luk na ulju dok ne postane proziran. Umiješajte špinat i ugasite vatru.
b) U zdjeli pomiješajte tofu, indijske oraščiće (ako ih koristite), mrkvu, limunov sok, češnjak, prehrambeni kvasac, sol i papar.
c) Dodajte smjesu špinata i luka u smjesu tofua i miješajte dok se dobro ne sjedini.
d) Zagrijte pećnicu na 350F. Na dno tepsije 9×133 ulijte tanki sloj umaka za tjesteninu.
e) Svaku kuhanu školjku malom žličicom punite nadjevom. Napunjene školjke poredajte u pleh i prelijte ostatkom umaka za tjesteninu.
f) Prekrijte pleh folijom da se školjke ne osuše.
g) Pecite oko 30 minuta, ili dok ne počnu mjehurići.
h) Ako dodajete veganski sir, pospite ga po vrhu zadnje 2 minute u pećnici.

56. Dimljena salata od tunjevine od slanutka

Tuna od slanutka:
- 15 oz. kuhanog slanutka iz konzerve ili na drugi način.
- 2-3 žlice nemliječnog običnog jogurta ili veganskog majoneza.
- 2 žličice Dijon senfa.
- 1/2 žličice mljevenog kima.
- 1/2 žličice dimljene paprike.
- 1 žlica svježeg soka od limuna.
- 1 stabljika celera narezana na kockice.
- 2 mladog luka nasjeckanog.
- Morska sol po ukusu.

Sastavljanje sendviča:
- 4 komada raženog kruha ili kruha od proklijale pšenice.
- 1 šalica špinata za dojenčad.
- 1 avokado narezan na ploške ili kockice.
- Sol + papar.

Upute:
a) U procesoru hrane izmiješajte slanutak dok ne dobije grubu, mrvičastu strukturu. Žlicom stavite slanutak u zdjelu srednje veličine i dodajte ostatak aktivnih sastojaka, miješajući dok se dobro ne sjedini. Začinite s dosta morske soli po vlastitom ukusu.

b) Slojevi mladog špinata na svaku krišku kruha; dodajte nekoliko hrpica salate od slanutka i tune, ravnomjerno rasporedivši. Na vrh stavite kriške avokada, nekoliko zrna morske soli i svježe mljeveni papar.

57. Tajlandska salata od kvinoje

Za salatu:
- 1/2 šalice kuhane kvinoje
- 3 žlice naribane mrkve.
- 2 žlice crvene paprike, pažljivo narezane.
- 3 žlice krastavca, sitno narezanog.
- 1/2 šalice edamamea
- 2 mladog luka, sitno nasjeckanog.
- 1/4 šalice crvenog kupusa, sitno narezanog.
- 1 žlica cilantra, pažljivo nasjeckanog.
- 2 žlice prženog kikirikija, nasjeckanog (po želji).
- Sol.

Tajlandski preljev od kikirikija:
- 1 žlica kremastog prirodnog maslaca od kikirikija.
- 2 žličice soja umaka s malo soli.
- 1 žličica rižinog octa.
- 1/2 žličice sezamovog ulja.
- 1/2 - 1 žličica sriracha umaka (po želji).
- 1 češanj češnjaka, pažljivo samljeven.
- 1/2 žličice naribanog đumbira.
- 1 žličica soka od limuna.
- 1/2 žličice nektara agave (ili meda).

Upute:
a) Pomiješajte sve sastojke za nošenje u maloj posudi i miješajte dok se dobro ne sjedine.
b) Pomiješajte kvinoju s povrćem u zdjeli za miješanje. Dodajte preljev i dobro izmiješajte da se sjedini.
c) Poprskajte pečeni kikiriki po vrhu i poslužite!

58. Turska grah salata

Za salatu:
- 1 1/2 šalice kuhanog bijelog graha.
- 1/2 šalice nasjeckane rajčice.
- 1/2 šalice narezanog krastavca.
- 2 zelene paprike, narezane na ploške.
- 1/4 šalice narezanog peršina.
- 1/4 šalice nasjeckanog svježeg kopra.
- 1/4 šalice narezanog mladog luka.
- 4 tvrdo kuhana jaja.

Zavoj
- 2 šalice tople vode.
- 2 glavice crvenog luka sitno narezane.
- 1 žlica soka od limuna.
- 1 žličica octa.
- 1 žličica soli.
- 1 žličica sumaka.

Upute:
a) U velikoj zdjeli pomiješajte sve sastojke za salatu osim jaja.
b) Sve za dresing umutiti i staviti preko salate. Dobro promiješajte i na vrh stavite narezana ili prepolovljena jaja.
c) Narezani luk bacite u jako vruću vodu, blanširajte minutu i prebacite u vrlo hladnu vodu da se prestane kuhati. Ostavite ih nekoliko minuta u hladnoj vodi i dobro ocijedite.
d) Pomiješajte sok od limuna, sol, ocat i ruj pa to stavite preko ocijeđenog luka. Sve je spremno za korištenje u roku od 5 do 10 minuta.
Što duže čeka, boja je svjetlija.
e) Dodajte crveni luk u smjesu salate i dobro promiješajte. Ostavite malo dodatnog luka za vrh.
f) Podijelite salatu u zdjelice i prelijte s još malo crvenog luka.

59. Zdjelice za povrće i kvinoju

Povrće:
- 4 srednje cijele mrkve.
- 1 1/2 šalice na četvrtine narezanog žutog krumpira za dojenčad.
- 2 žlice javorovog sirupa.
- 2 žlice maslinovog ulja.
- 1 zdravi prstohvat morske soli + crni papar.
- 1 žlica narezanog svježeg ružmarina.
- 2 šalice prepolovljenih prokulica.

kvinoja:
- 1 šalica bijele kvinoje dobro isprane + ociješene.
- 1 3/4 šalice vode.
- 1 prstohvat morske soli.

Umak:
- 1/2 šalice tahinija.
- 1 limun srednje veličine, iscijeđen (prinos - 3 žlice ili 45 ml).
- 2-3 žlice javorovog sirupa.

Za posluživanje po želji:
- Svježe začinsko bilje (peršin, majčina dušica i tako dalje).
- Nar arils.

Upute:
a) Zagrijte pećnicu na 400 stupnjeva F (204 °C) i obložite lim za pečenje papirom za pečenje
b) Stavite mrkvu i krumpir na lim i pokapajte polovicom javorovog sirupa, polovinom maslinovog ulja, soli, paprom i ružmarinom. Bacite za integraciju. Zatim pecite 12 minuta.
c) U međuvremenu zagrijte tavu na srednje jakoj vatri. Kad se zagrije, dodajte ispranu kvinoju da se lagano proprži prije dodavanja vode da ispari ostatak vlage i naglasi orašasti okus.
d) Pripremite 2-3 minute uz često miješanje. Dodajte vodu i prstohvat soli. Na kraju pripremite preljev.
e) Za posluživanje podijelite kvinoju i povrće u zdjelice za posluživanje i prelijte ih obilato tahini umakom. Prednjači s izborom ukrasa poput šipka ili svježeg začinskog bilja.

60. Sendvič sa avokadom i slanutkom

Sastojci:
- 1 može bez soli dodati slanutak ocijediti cijevi i isprati.
- 1 veliki zreli avokado.
- 1 1/2 žlica soka od limuna.
- 1/2 žličice ljute čili papričice sitno mljevene.
- Sol i papar.
- 4 kriške kruha od cjelovitog zrna.
- 1 velika treasure rajčica narezana na ploške.
- 1/2 šalice slatkog mikrozelenja.
- 1/2 šalice nasjeckane mrkve.
- 1/2 šalice pripremljene i narezane repe.

Upute:
a) U zdjeli zgnječite avokado dok ne bude relativno gladak, dodajte limunov sok, ljutu čili papričicu i slanutak. Posolite i popaprite.
b) Za slaganje sendviča, na jednu krišku kruha poslažite ploške rajčice, dodajte mikrozelenje, ciklu, salatu od slanutka i mrkvu. Uživati!

61. Klice sa zelenim grahom

Sastojci:
- 600 g prokulice narezati na četvrtine.
- 600 g zelenih mahuna.
- 1 žlica maslinovog ulja.
- Korica i sok 1 limuna.
- 4 žlice prženih pinjola.

Upute:
a) Kuhati par sekundi pa dodati povrće i miješajući pržiti 3-4 minute dok klice malo ne oboje.
b) Dodajte malo soka od limuna te sol i papar po ukusu.

62. Svinjetina sa špagetima

Sastojci
- 1 žličica maslinovog ulja
- 12 unci svinjskog fileta, izrezanog na medaljone debljine 1 inča
- ½ žličice košer soli
- ¼ žličice svježe mljevenog crnog papra
- 1 žlica mljevene ljutike
- 1 šalica suhog crnog vina
- ¼ žličice kukuruznog škroba
- Naribana korica ½ limuna plus 2 žličice svježeg soka od limuna
- 1 žlica želea od čistog voća (bez dodanog šećera).
- 1 žličica Dijon senfa ▫ 2 šalice pečene špagete

a) Zagrijte veliku tavu na srednje jakoj vatri, a zatim je premažite uljem. U međuvremenu osušite komade svinjetine na papirnatim ručnicima, posolite i popaprite. Pirjajte dok ne postane hrskavo i smeđe izvana, a ne više ružičasto u sredini, 3 do 4 minute po strani. Prebacite na zagrijane tanjure i rezervirajte.

b) Dodajte ljutiku u tavu i kuhajte oko 30 sekundi. Dodajte vino, pustite da prokuha i smanjite na otprilike ¼ šalice, 5 minuta ili tako nešto. Otopite kukuruzni škrob u soku od limuna i umiješajte ga u umak. Kuhajte uz miješanje dok umak ne postane gust i satenastog izgleda. Maknite s vatre i umiješajte žele i senf. Kušajte i prilagodite začine solju i paprom.

c) Za posluživanje napravite gnijezdo od pečenih špageta na svakom tanjuru i nadjenite svinjske medaljone i umak.

63. Ljuti falafel od kvinoje

Sastojci:
- 1 šalica kuhane kvinoje.
- 1 limenka garbanzo graha.
- Pola manjeg crvenog luka.
- 1 žlica tahinija.
- 2 žličice kumina u prahu.
- 1 žličica korijandera u prahu.
- 1/4 šalice nasjeckanog peršina.
- 3 češnja češnjaka.
- Sok od pola limuna.
- 1 žlica kokosovog ulja.
- 1 žlica tamarija (GF soja umak).
- 1/2 - 1 žličica čili pahuljica.
- Priprema morske soli.

Upute:
a) Ubacite garbanzo grah, crveni luk, češnjak, tahini, pahuljice čilija, kumin, korijander, limunov sok i sol u mlin za hranu i uključite i isključite puls 15 sekundi tako da razgradi grah, ali ga ne pretvori u pire.
b) Smjesu rukama razvaljajte u male loptice (oko 2 žlice tijesta za svaku) i stavite na lim za pečenje.
c) Stavite ih u hladnjak na 1 sat.
d) Pospite s malo brašna s obje strane.
e) Zagrijte kokosovo ulje u velikoj tavi na srednje jakoj vatri.
f) Dodajte falafel kuglice i pecite 3-5 minuta sa svake strane.

SLATKIŠI

64. Mini meringue pite od limuna s nadjevom od skute od limuna

PRAVI OKO 2 TUCETA WHOOPIE PITA

½ šalice granuliranog šećera
¼ šalice svijetlo smeđeg šećera
3 bjelanjka, sobne temperature
¼ žličice tartar kreme
Prstohvat košer soli
½ žličice ekstrakta vanilije
⅔ šalice (½ recepta) Lemon Curd

Zagrijte pećnicu na 200 stupnjeva F. Obložite 2 lima za pečenje papirom za pečenje.

Stavite granulirani i smeđi šećer u zdjelu multipraktika. Pulsirajte u kratkim naletima dok se dobro ne sjedine i fino samelju. Staviti na stranu.

Stavite bjelanjke u čistu, suhu zdjelu samostojećeg miksera opremljenog nastavkom za mućenje ili čistu, suhu zdjelu koja se može koristiti s električnim ručnim mikserom. (Ako u zdjeli ili bjelanjcima ima i mrvice žumanjka, ulja ili vode, neće se stvrdnuti.) Počnite miksati na srednje niskoj brzini. Kad bjelanjci postanu pjenasti, dodajte tartar kremu i sol i nastavite tući oko 2 minute, odnosno dok bjelanjci ne postanu gusti i pjenasti. Povećajte brzinu na srednje visoku i polako dodajte mješavinu šećera, otprilike 1 žlicu odjednom. Kad se sav šećer uklopi, povećajte brzinu na najveću, mutići dok se ne formiraju čvrsti, sjajni vrhovi, oko 10 minuta. Dodajte vaniliju i tucite dok se ne sjedini, oko 5 sekundi.

Žlicom stavljajte meringu u slastičarsku vrećicu s običnim vrhom od $\frac{1}{2}$ inča ili u vrećicu s patentnim zatvaračem s jednim odrezanim kutom. Držite vrećicu okomito na limove za pečenje i izvucite male ravne diskove, promjera oko $1\frac{1}{4}$ inča i visine $\frac{1}{4}$ inča. Pecite dok meringue ne budu suhe i hrskave, oko 1 i pol sata. Isključite pećnicu i ostavite ih da se potpuno ohlade.

Za sastavljanje kolačića, rasporedite polovicu meringue ravnom stranom prema gore na lim za pečenje. Stavite ohlađenu skutu u čistu slastičarsku vrećicu s običnim vrhom od $\frac{1}{2}$ inča ili drugu vrećicu s patentnim zatvaračem s odrezanim jednim kutom. Stavite oko 2 žličice na svaki meringue. Nježno pritisnite preostale meringue ravnom stranom prema dolje na skutu. Kako budu stajale, meringe će postati mekše i lakše će se žvakati.

65. Najbolje pločice s limunom

PRAVI 2 TUCETA (1½-SA-3-INČA) ŠTOPKI
ZA KORE:
2½ šalice nebijeljenog višenamjenskog brašna
¾ žličice košer soli
1 šalica (2 štapića) neslanog maslaca, na sobnoj temperaturi
¾ šalice šećera
2 žličice sitno nasjeckane korice limuna
1 žličica ekstrakta vanilije ZA
PRELJEV:
6 jaja, lagano tučenih
2 šalice šećera
¼ šalice plus 1 žlica nebijeljenog višenamjenskog brašna
1 šalica svježe iscijeđenog soka od limuna (od 4 srednja limuna)
1 žlica plus 2 žličice sitno nasjeckane korice limuna (od 2 mala limuna)
½ šalice punomasnog mlijeka
½ žličice košer soli
Slastičarski šećer, za posluživanje

. . . .

Zagrijte pećnicu na 350 stupnjeva F. Obložite posudu za pečenje 9 x 13 inča folijom i lagano je premažite sprejom za kuhanje ili otopljenim maslacem.

Da napravite koru, u maloj zdjeli pomiješajte brašno i sol. Koristeći stalnu miješalicu opremljenu nastavkom s lopaticom ılı ručnu električnu miješalicu, tucite maslac i šećer na srednjoj brzini dok ne postane svijetle boje i pjenast, oko 3 minute. Dodajte koricu vanilije i izmiješajte da se sjedini. Smanjite brzinu i dodajte mješavinu brašna, koristeći lopaticu nekoliko puta strugajući dno i stranice zdjele. Prestanite miješati kada su sastojci potpuno uklopljeni, ali još uvijek mrvičasti. Nemojte previše miksati jer će se kora teško rasporediti po tepsiji. Ulijte mrvičasto tijesto u pripremljenu tepsiju i prstima ga ravnomjerno rasporedite po dnu, lagano ga pritišćući i pazeći da se tijesto lagano podiže prema gore, da zadrži preljev. Pecite dok ne zapeče, oko 25 minuta.

U međuvremenu napravite preljev. U velikoj zdjeli pjenasto izmiješajte jaja sa šećerom i brašnom. Umiješajte limunov sok i koricu, mlijeko i sol.

Kada je kora gotova, smanjite temperaturu pećnice na 325 stupnjeva F. Ponovno promiješajte sastojke za preljev prije nego što prelijete preljev preko tople kore. Stavite posudu u sredinu pećnice i pecite dok preljev ne postane čvrst na lagani dodir, oko 20 minuta. Ohladite posudu na rešetki najmanje 30 minuta ili na sobnoj temperaturi prije rezanja ploškica. Prije posluživanja obilno pospite slastičarskim šećerom.

66. Parfe od limuna i maka s jagodama

ČINI 6 DO 8 PORCIJA
ZA MERENGUES:
¾ šalice najfinijeg šećera
3 bjelanjka, sobne temperature
Prstohvat košer soli
1 žlica maka
2 šalice gustog vrhnja
⅔ šalice (½ recepta) Lemon Curd
2 pola litre svježih jagoda, oljuštenih i prepolovljenih ili na četvrtine
3 žlice šećera
2 žlice svježe iscijeđenog soka od limuna
3 na 4 lista svježe metvice

Zagrijte pećnicu na 200 stupnjeva F. Stavite šećer u kalup za pitu ili malu tepsiju sa stranicama i zagrijte u pećnici 10 minuta. Lim za pečenje obložite papirom za pečenje i ostavite sa strane. Da biste napravili meringue, stavite bjelanjke u čistu, suhu zdjelu samostojećeg miksera opremljenog nastavkom za pjenjaču ili u čistu, suhu zdjelu koja se može koristiti s električnim ručnim mikserom. (Ako u zdjeli ili bjelanjcima ima i mrvice žumanjka, ulja ili vode, oni se neće stvrdnuti.) Počnite miksati na srednje niskoj brzini, dodajući prstohvat soli kada bjelanjci postanu pjenasti. Nastavite tući oko 2 minute, ili dok bjelanjci ne postanu gusti i pjenasti. Povećajte brzinu na srednje visoku i počnite polako dodavati topli šećer, 1 žlicu po žlicu. Kad se sav šećer uklopi, povećajte brzinu na najveću, muteći dok se ne formiraju čvrsti, sjajni vrhovi, oko 10 minuta. Spatulom nježno umiješajte mak.

Stavite meringue na pripremljeni lim za pečenje, napravite 6 brežuljaka i stražnjom stranom žlice lagano poravnajte vrhove. Pecite meringue dok ne budu suhe i hrskave, oko 1½ sata. Zdjelu miksera i pjenjaču operite i osušite te ih stavite u hladnjak.

Obložite kalup za kruh veličine 9 x 5 x 3 inča plastičnom folijom, ostavljajući dovoljno prepusta sa svih strana da pokrije vrh parfea i olakša njegovo podizanje iz kalupa. Staviti na stranu.
Za sastavljanje parfea dodajte vrhnje u ohlađenu zdjelu miksera ili upotrijebite pjenjaču s ohlađenom zdjelom koja ne reaguje. Tucite vrhnje srednjom brzinom, ili ručno, dok se ne stvore mekani vrhovi. Pomoću lopatice umiješajte lemon curd bez potpunog sjedinjavanja, samo dok smjesa ne postane praskasta. Meringue razlomite na komade veličine od velikih mrvica do polovica oraha. Umiješajte ih u kremu, lagano promiješajte da se rasporede. Žlicom stavite smjesu u pripremljenu posudu, pokrijte vrh plastičnom folijom i zamrznite najmanje 4 sata prije posluživanja.
U međuvremenu, u srednjoj zdjeli pomiješajte jagode sa šećerom i limunovim sokom i ostavite ih da odstoje 30 minuta ili dok se ne formira sirup. Listiće mente narežite po dužini na tanke trakice i pomiješajte s bobicama; trebao bi biti samo prijedlog mente, stoga neka količina bude minimalna.
Za posluživanje upotrijebite plastičnu foliju koja visi kako biste parfe izvadili iz posude. Parfe narežite na kriške od 1 do 1½ inča i žlicom stavite bobičasto voće po vrhu.

67. Macarons s limunom i bademom punjen čokoladom

PRAVI 2 TUCETA MACARONSA

1½ šalice slastičarskog šećera
1⅓ šalice bademovog brašna
1 žlica sitno naribane korice limuna
4 bjelanjka, sobne temperature
Prstohvat kreme od tartara
¼ šalice granuliranog šećera

ZA NADJEV:
½ šalice plus 2 žlice gustog vrhnja
2 žličice grubo nasjeckane korice limuna
Prstohvat košer soli
6 unci gorko-slatke čokolade, sitno nasjeckane (oko 1 šalice)
1 žlica neslanog maslaca
2 žlice svježe iscijeđenog soka od limuna

Obložite 2 lima za pečenje papirom za pečenje. U srednjoj zdjeli pomiješajte slastičarski šećer, brašno i koricu i ostavite sa strane.

U čistoj, suhoj zdjeli samostojećeg miksera opremljenog nastavkom za pjenjaču ili čistoj, suhoj zdjeli koja se može koristiti s ručnim električnim mikserom, istucite bjelanjke srednjom brzinom dok ne postanu pjenasti. Dodajte kremu od tartara i nastavite tući dok bjelanjci ne poprime meke vrhove. Povećajte brzinu na srednje visoku, polako dodajte granulirani šećer i tucite dok bjelanjci ne poprime čvrste, sjajne vrhove. Zaustavite se prije nego što postanu kruti i sjajni.

Prosijajte jednu trećinu smjese brašna preko bjelanjaka i pomoću lopatice je lagano umiješajte. Ponovite s polovicom preostale smjese brašna, miješajući da se sjedini prije dodavanja preostale mješavine brašna. Tijesto bi trebalo biti rahlo, ali zadržati oblik.

Žlicom stavljajte tijesto u slastičarsku vrećicu s običnim vrhom od ½ inča ili vrećicu s patentnim zatvaračem s jednim odrezanim kutom. Držeći vrećicu okomito na pripremljene limove za pečenje, izrežite male brežuljke, promjera oko 1 inča i visine ¼ inča, međusobno udaljene 1 inč. Ostavite tijesto da odstoji 20 minuta, ili dok macarons više ne budu ljepljivi na dodir. U međuvremenu zagrijte pećnicu na 350 stupnjeva F.

Pecite macaronse 12 do 16 minuta, jednom okrećući posudu tijekom pečenja. Oni će se napuhnuti, postati sjajni i vrlo malo pasti. Kad su potpuno pečeni, bit će suhi i vrlo lagano smeđi. Izvadite kalupe na rešetku i ostavite da se kolačići potpuno ohlade na kalupu dok pravite nadjev.

Za nadjev u manjoj posudi na srednje jakoj vatri zagrijte vrhnje s koricom i soli malo ispod točke vrenja. Čokoladu staviti u manju posudu i preliti vrućim vrhnjem. Ostavite nekoliko minuta da se čokolada otopi prije nego što dodate maslac i miješajte dok ne postane glatka. Umiješajte limunov sok.

Da biste sastavili kolačiće, polovicu okrenite naopako. Pomoću lopatice ili malog noža premažite svaku polovicu s otprilike 2 žličice nadjeva, ostavljajući rubove nepokrivene. Povrh stavite preostale kolačiće, lagano ih pritiskajući tako da se nadjev proširi do rubova sendviča.

68. Kolačići od limuna

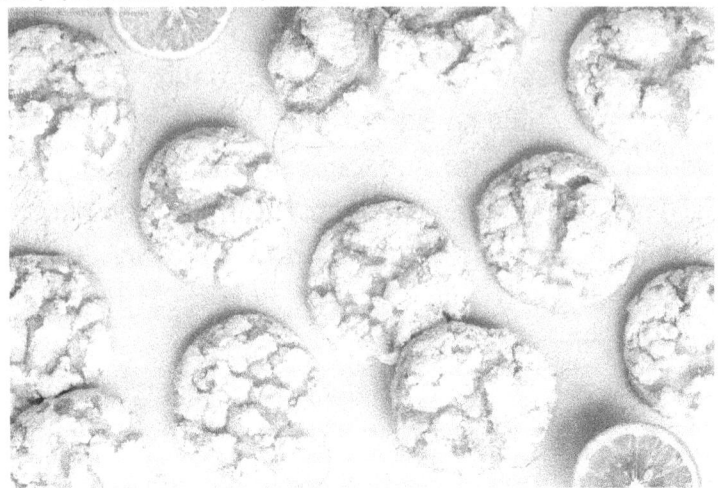

PRAVI 4 TUCETA KOLAČIĆA
1½ šalice nebijeljenog višenamjenskog brašna
¼ šalice kukuruznog škroba
1½ žličice praška za pecivo
½ žličice košer soli
1 šalica granuliranog šećera
2 žlice sitno naribane korice limuna (od 2 srednja limuna)
½ šalice (1 štapić) neslanog maslaca, na sobnoj temperaturi
2 jaja
¼ žličice ekstrakta limuna (po izboru)
½ šalice slastičarskog šećera

Obložite 2 lima za pečenje papirom za pečenje. U maloj zdjeli pomiješajte brašno, kukuruzni škrob, prašak za pecivo i sol. Staviti na stranu.

U zdjeli samostojećeg miksera opremljenog nastavkom s lopaticom, ili u zdjeli koju biste koristili s ručnim električnim mikserom, pomiješajte šećer i koricu. Prstima trljajte koricu sa šećerom dok ne postane vrlo aromatična. Dodajte maslac i tucite na srednjoj brzini dok se dobro ne sjedini. Pomoću lopatice ostružite dno i stranice zdjele, zatim povećajte brzinu na srednje visoku, miješajući dok maslac i šećer ne postanu svijetle boje i pahuljasti. Dodajte jedno po jedno jaje, dobro miksajući između dodavanja. Dodajte ekstrakt limuna, a zatim suhe sastojke. Miješajte na maloj brzini dok se ne sjedini, bez tragova brašna.

Zagrijte pećnicu na 325 stupnjeva F. Stavite slastičarski šećer u plitku, široku zdjelu ili tanjur za pitu. Žlicom zagrabite tijesto veličine male cherry rajčice. Pospite ruke slastičarskim šećerom, oblikujte tijesto u kuglu i uvaljajte je u šećer dok dobro ne bude pokrivena. Stavite kuglice na pripremljene limove za pečenje, ostavljajući 1 inč sa svih strana.

Kolačiće pecite 5 minuta, okrenite pleh i pecite još 5 do 7 minuta. Kada budu gotovi, kolačići će biti postavljeni oko rubova i malo napuhnuti. Sredine će biti mekane, ali ne i sjajne. Stavite limove za pečenje na rešetku da se ohlade 15 minuta, zatim premjestite kolačiće iz kalupa na rešetku da se potpuno ohlade.

69. Panna cotta od limuna i mlaćenice s kupinama

ČINI 8 PORCIJA
SASTOJCI
2⅓ šalice gustog vrhnja
1 šalica šećera, podijeljena
2 žlice korice, skinute zesterom (od 2 srednja limuna)
¼ šalice lagano upakiranih listova limun verbene, plus 8 za ukras
1 žlica plus 1 žličica želatine u prahu
1⅓ šalice mlaćenice
4 šalice svježih kupina (oko 2 litre)
1 žlica svježe iscijeđenog soka od limuna
Lagano premažite 8 (6 unca) ramekina ili jela s uljem neutralne arome kao što je canola i ostavite sa strane.

U velikom loncu na srednje jakoj vatri pomiješajte vrhnje, ½ šalice plus 2 žlice šećera, koricu i limunovu verbenu, miješajući dok se šećer ne otopi. Maknite tavu s vatre, poklopite i pustite kremu 30 minuta ili dok okusi limuna ne budu izraženi. U manjoj zdjelici omekšajte želatinu u 1 žlici hladne vode oko 5 minuta pa je umiješajte u toplu kremu. Kad se želatina otopi, dodajte mlaćenicu i dobro promiješajte. Procijedite smjesu kroz fino sito u posudu s izljevom, poput velike mjerne posude, i ulijte je u pripremljene ramekine. Pokrijte ih plastičnom folijom i stavite u hladnjak dok se ne stvrdnu, najmanje 6 sati ili preko noći.

Prije posluživanja stavite preostalih 6 žlica šećera u blender ili multipraktik sa 1 šalicom kupina i ispasirajte. Procijedite pire kroz fino sito i pomiješajte s preostalim bobičastim voćem i limunovim sokom, dodajući još soka po ukusu.

Za posluživanje odvojite ramekine od kalupa tako da tankim nožem za guljenje pređete po stranama ili umočite ramekine u toplu vodu da olabavite panna cottu. Stavite mali tanjur ili zdjelicu preko ramekina, preokrenite ga i snažno protresite da olabavi. Žlicom rasporedite kupine i umak po dnu panna cotte. Ukrasite vrh listom verbene.

Limun verbena može se naći na nekim poljoprivrednim tržnicama, ali lako ju je uzgojiti u posudi kod kuće. Preostalo lišće uberite u jesen da se osuši za čaj. Limunski timijan i lavanda dobre su zamjene, a možete i potpuno preskočiti biljni element.

70. Affogato sa sladoledom od limoncella

ČINI 6 PORCIJA

SASTOJCI

2 šalice gustog vrhnja
¾ šalice punomasnog mlijeka
¾ šalice šećera, podijeljeno
½ žličice košer soli
Kora od 1 limuna
5 žumanjci
¼ šalice mascarpone sira
½ žličice ekstrakta vanilije
⅓ šalice domaćeg limunčela ili kupljenog u trgovini
6 šalice espressa, na sobnoj temperaturi
6 kolutića limuna, za ukras

U srednjoj tavi na srednje jakoj vatri zakuhajte vrhnje i mlijeko s ½ šalice šećera, soli i limunove korice. Maknite posudu s vatre, poklopite i ostavite 20 minuta da se ukuha.

U međuvremenu, u srednjoj zdjeli koja ne reaguje, umutite žumanjke s preostalom ¼ šalice šećera dok ne postanu glatki i ostavite sa strane.

Pripremite ledenu kupku za kremu tako da veliku zdjelu do pola napunite ledom i hladnom vodom i stavite je u sudoper.

Kad se smjesa vrhnja ulije, vratite je na štednjak na srednju vatru dok ne bude vruća, ali ne i ključanja. Polako dodajte punu kutlaču vrhnja u smjesu žumanjaka, neprestano miješajući dok ne postane glatka (ovo se zove temperiranje žumanjaka, tehnika koja se koristi kako bi se spriječilo njihovo zgrušavanje kada se pomiješaju s vrućim mlijekom). Ponovite još jednom, a zatim ulijte smjesu žumanjaka natrag u lonac na srednje nisku vatru. Stalno miješajte kremu drvenom žlicom ili lopaticom otpornom na toplinu, stružući dno dok miješate, sve dok ne dosegne 170 stupnjeva F na termometru s trenutnim očitanjem i prekrije žlicu ili lopaticu. Maknite posudu s vatre i umiješajte mascarpone i vaniliju. Ulijte kremu kroz fino sito u čistu zdjelu srednje veličine. Stavite zdjelu u pripremljenu ledenu kupelj da se ohladi i ohladite u hladnjaku dok se potpuno ne ohladi,

Kad se krema ohladi, umiješajte limoncello i smjesu zamrznite u aparatu za sladoled prema uputama proizvođača.

Za posluživanje stavite kuglicu sladoleda u shaker za koktele ili staklenu posudu s poklopcem. Dodajte dozu espressa i snažno protresite. Ulijte u čašu za koktel i ukrasite kolutićem limuna. Ponovite za svako posluživanje.

71. Crème brulée od limuna s lavandom i medom

ČINI 6 PORCIJA
SASTOJCI
2 šalice gustog vrhnja
2 žlice meda
3 žlice grubo nasjeckane limunove korice (od 3 srednja limuna)
2 žlice svježih cvjetova lavande (ili 4 žličice osušenih)
$\frac{1}{8}$ žličice soli
3 žumanjci
1 jaje
$\frac{1}{4}$ šalice granuliranog šećera, plus još za karameliziranje
1 žličica ekstrakta vanilije
Zagrijte pećnicu na 300 stupnjeva F.

U teškoj tavi za umake pomiješajte vrhnje, med, koricu limuna, lavandu i sol. Pustite smjesu da lagano kuha na srednjoj vatri, poklopite i maknite s vatre. Kuhajte 10 minuta i kušajte kremu kako biste utvrdili jesu li okusi limuna i lavande uravnoteženi i po vašem ukusu. Kad su, procijedite smjesu, bacite koricu i lavandu, a kremu vratite u lonac. Ako se potpuno ohladilo, vrhnje zagrijte na srednjoj vatri dok ne bude vruće, ali ne i da proključa.

U međuvremenu, u srednjoj zdjeli, pjenasto izmiksajte žumanjke i jaja sa šećerom. Polako dodajte malo toplog vrhnja u žumanjke, otprilike $\frac{1}{2}$ šalice odjednom, neprestano miješajući da se jaja ne zgrušaju. Nakon dodavanja 1 šalice vrhnja, ulijte temperiranu smjesu žumanjaka natrag u tavu s preostalim vrhnjem. Dodajte vaniliju i procijedite smjesu u drugu posudu da se ohladi u ledenoj kupelji za kasnije pečenje ili je podijelite u 6 (4 unce) ramekina ili staklenih šalica za kremu.

Posude slažite u dublji pleh i nalijte toliko vruće vode da dođe do polovine zidova posuda. Stavite posudu za pečenje u pećnicu i pecite dok se krema ne stegne oko rubova i malo zatrese u sredini, oko 40 minuta. Izvadite posudu iz pećnice i ostavite kreme da se ohlade prije prekrivanja plastičnom folijom.

Ostavite u hladnjaku da se potpuno ohladi, 3 sata do preko noći. Neposredno prije posluživanja pospite vrh svake kreme tankim, ravnomjernim slojem šećera. Posude stavite ispod prethodno zagrijane posude za pečenje na 2 do 3 minute, ili dok se šećer ne rastopi, ili upotrijebite ručni plamenik za karamelizaciju šećera.

72. Tostirani kolač od kokosa i limuna

PRAVI JEDAN TART OD 10 INČA
SASTOJCI
ZA KORE:
1¼ šalice nebijeljenog višenamjenskog brašna
½ šalice slastičarskog šećera
2 žlice kukuruznog škroba
¼ žličice košer soli
10 žlica (1¼ štapića) neslanog maslaca, hladnog, narezanog na male komadiće
¼ žličice ekstrakta vanilije
ZA NADJEV:
1 šalica šećera
2 žlice sitno nasjeckane korice limuna (od 2 srednja limuna)
2 žlice kukuruznog škroba
½ žličice košer soli
2 jaja
2 žumanjci
¼ šalice (½ štapića) neslanog maslaca, otopljenog i ohlađenog
3 žlice svježe iscijeđenog soka od limuna
1½ šalice lagano pakiranih nezaslađenih, osušenih kokosovih pahuljica (također zvanih kokosov čips)

Da biste napravili koru, u zdjeli samostojećeg miksera opremljenog nastavkom s lopaticom pomiješajte brašno, slastičarski šećer, kukuruzni škrob i sol. Dodajte sav maslac odjednom i miješajte na niskoj brzini dok se sastojci ne počnu sjedinjavati u jednolično tijesto; ovo će potrajati malo vremena, čak 7 do 10 minuta. Neposredno prije nego što tijesto izgleda kao da je spremno za formiranje kugle, dodajte vaniliju i promiješajte da se sjedini. Kuglu tijesta oblikujte u disk, zamotajte u plastičnu foliju i stavite u hladnjak da se stegne, oko 2 sata.

Na lagano pobrašnjenoj površini razvaljajte tijesto da napravite krug od 12 do 13 inča. Stavite tijesto u rebrasti kalup za tart od 10 inča, izbodite tijesto posvuda vilicom i zamrznite ga na 30 minuta. Dok se tijesto smrzava, zagrijte pećnicu na 350 stupnjeva F i stavite rešetku u donju trećinu pećnice.

Smrznutu koru stavite na lim za pečenje i pecite, nepokrivenu, oko 15 minuta. (Nema potrebe pokrivati koru ili koristiti utege za pitu.) Okrenite posudu i pecite još 10 minuta ili dok korica ne postane lagano zlatna. Stavite lim za pečenje na rešetku da se kora ohladi i smanjite temperaturu pećnice na 325 stupnjeva F. Dok se kora hladi napravite fil. U srednjoj zdjeli pomiješajte šećer i koricu i prstima ih protrljajte dok šećer ne zamiriše. Umiješajte kukuruzni škrob i sol. U posebnoj manjoj zdjeli umutiti jaja sa žumanjcima, zatim pjenasto umiješati maslac i limunov sok. Umiješajte smjesu jaja i maslaca u smjesu šećera, snažno tukući da se sjedini. Umiješajte kokos.

Smjesu sipati u ohlađenu koru. Pecite 20 minuta na donjoj rešetki, okrećući posudu i pazeći na kokos; ako postane pretamno, pokrijte gornji dio komadom aluminijske folije. Pecite još 20 minuta, ili dok se nadjev ne stegne oko rubova i ne bude lagano drhtav u sredini. Ohladite na sobnoj temperaturi prije posluživanja.

73. Meyerov kolač od limuna i mandarine s maslinovim uljem

PRAVI JEDNU TORTU OD 10 INČA
SASTOJCI
3½ šalice šećera, podijeljeno
2 Meyer limuna, po mogućnosti organski
2 male mandarine
1⅔ šalice nebijeljenog višenamjenskog brašna
1 šalica palente ili srednje mljevenog kukuruznog brašna
1 žlica praška za pecivo
½ žličice košer soli
4 jaja
⅔ šalice ekstra djevičanskog maslinovog ulja
Blago zaslađeno vrhnje za šlag, za posluživanje

U srednje velikoj tavi pomiješajte 2 šalice šećera s 2 šalice vode. Neka smjesa zavrije na srednje jakoj vatri. Dodajte limun i mandarine nakon što se šećer otopi. (Voće bi trebalo biti potopljeno do dvije trećine u jednostavnom sirupu. Ako nije, dodajte još vode.) Smanjite vatru na laganoj vatri, pokrijte tavu i lagano pohirajte voće dok ne omekša, 20 do 30 minuta. Prebacite ih na tanjir da se ohlade.

Zagrijte pećnicu na 350 stupnjeva F i lagano nauljite kalup za tortu od 10 inča. Dno obložite papirom za pečenje i ostavite sa strane.

Kad se voće ohladi, odrežite im vrhove i narežite ih na četvrtine. Uklonite sve sjemenke ili velike komade membrane, dodajte pulpu u zdjelu procesora hrane i obradite dok ne bude prilično glatka. Trebali biste imati oko 1¼ šalice pirea. Staviti na stranu.

U maloj zdjeli pomiješajte brašno, palentu, prašak za pecivo i sol te ostavite sa strane.

Stavite jaja u zdjelu samostojećeg miksera opremljenog nastavkom za mućenje ili upotrijebite ručni električni mikser na velikoj brzini da umutite jaja dok ne postanu pjenasta i svjetlije boje, oko 2 minute. S uključenim mikserom polako dodajte preostalih 1½ šalice šećera i nastavite miješati velikom brzinom dok smjesa ne postane gusta i kremasto bijela, oko 4 minute. Smanjite brzinu na srednju i nakapajte ulje. Dodajte pasirano voće i promiješajte da se sjedini. Izvadite zdjelu za miješanje i umiješajte jednu trećinu mješavine brašna. Kada je smjesa glatka, dodajte ostatak brašna. Ulijte tijesto u pripremljenu posudu i zagladite vrh lopaticom.

Pecite dok kolač ne dobije tamno zlatnosmeđu boju i dok ne poskoči nakon laganog pritiskanja sredine, 50 do 60 minuta. Pustite da se ohladi na rešetki 15 minuta prije nego što ga izvadite iz kalupa. Ostavite da se potpuno ohladi prije rezanja i posluživanja s malo zaslađenog tučenog vrhnja.

74. Meringue od limuna-pita od pistacija

PRAVI 1 (10 INČA) PITU; ZA 8 DO 10 POSLUŽIVANJA

Sastojci
- 1 porcija Pistachio Crunch
- 15 g bijele čokolade, otopljene [½ unce]
- ¼ porcije Lemon Curda [305 g (1⅓ šalice)]
- 200 g šećera [1 šalica]
- 100 g vode [½ šalice]
- 3 bjelanjka
- ⅓ porcije Lemon Curda [155 g (¼ šalice)]

Upute
a) Ulijte hrskavi pistacije u kalup za pite od 10 inča. Prstima i dlanovima čvrsto pritisnite hrskavicu u kalup za pite, pazeći da su dno i stranice ravnomjerno pokriveni. Ostavite sa strane dok napravite nadjev; umotana u plastiku, kora se može čuvati u hladnjaku do 2 tjedna.

b) Kistom za tijesto nanesite tanak sloj bijele čokolade na dno i gornje strane kore. Stavite koru u zamrzivač na 10 minuta da se čokolada stegne.

c) Stavite 305 g (1⅓ šalice) lemon curda u malu zdjelu i promiješajte da malo olabavi. Nastružite lemon curd u koricu i stražnjom stranom žlice ili lopatice rasporedite ga u ravnomjernom sloju. Stavite pitu u zamrzivač na oko 10 minuta kako bi se sloj lemon curda stvrdnuo.

d) U međuvremenu, pomiješajte šećer i vodu u malom loncu s debelim dnom i lagano pospite šećer u vodi dok ne postane poput mokrog pijeska. Stavite lonac na srednju vatru i zagrijte smjesu do 115°C (239°F), prateći temperaturu termometrom za trenutno očitavanje ili termometrom za slatkiše.

e) Dok se šećer zagrijava, bjelanjke stavite u posudu samostojećeg miksera i s nastavkom za pjenjaču počnite ih mutiti do srednje mekog snijega.

f) Kada šećerni sirup dosegne 115°C (239°F), maknite ga s vatre i vrlo pažljivo ulijte u snijeg od bjelanjaka, izbjegavajući pjenjaču: prije toga smanjite mikser na vrlo malu brzinu, osim ako ne želite zanimljive tragove opeklina na licu.
g) Nakon što je sav šećer uspješno dodan u bjelanjke, povećajte brzinu miksera i pustite da se meringue miješa dok se ne ohladi na sobnu temperaturu.
h) Dok se meringue miješa, stavite 155 g ($\frac{1}{4}$ šalice) lemon curda u veliku zdjelu i promiješajte lopaticom da malo olabavi.
i) Kad se meringue ohladi na sobnu temperaturu, isključite mikser, izvadite zdjelu i lopaticom umiješajte meringue u lemon curd dok ne ostanu bijele mrlje, pazeći da se meringue ne ispuha.
j) Izvadite pitu iz zamrzivača i zagrabite meringue od limuna na vrh lemon curda. Koristeći žlicu, raširite meringu u ravnomjernom sloju, potpuno pokrivajući lemon curd.
k) Poslužite ili spremite pitu u zamrzivač do upotrebe. Čvrsto zamotan u plastičnu foliju nakon što se čvrsto smrzne, ostat će u zamrzivaču do 3 tjedna. Ostavite pitu da se odledi preko noći u hladnjaku ili najmanje 3 sata na sobnoj temperaturi prije posluživanja.

75. Torta od pistacija

PRAVI 1 (6 INČA) TORTU U SLOJU, 5 DO 6 INČA VISOK; POSLUŽIVANJE 6 DO 8

Sastojci
- 1 porcija kolača od pistacija
- 65 g ulja pistacija [⅓ šalice]
- 1 porcija Lemon Curda
- ½ porcije mliječnih mrvica
- 1 porcija glazure od pistacija

Upute
a) Stavite komad pergamenta ili Silpat na pult. Preokrenite tortu na nju i skinite pergament ili Silpat s dna torte. Upotrijebite obruč za tortu kako biste izrezali 2 kruga iz torte. Ovo su vaša gornja 2 sloja torte. Preostali "otpaci" kolača spojit će se kako bi napravili donji sloj kolača.

Sloj 1, dno
b) Očistite obruč za tortu i stavite ga u sredinu kalupa obloženog čistim papirom za pečenje ili silpatom. Upotrijebite 1 traku acetata za oblaganje unutarnje strane obruča za tortu.

c) Stavite ostatke kolača unutar prstena i nadlanicom ih zbijete u ravnomjeran sloj.

d) Umočite slastičarsku četku u ulje od pistacija i dobro i zdravo okupajte sloj kolača s pola ulja.

e) Stražnjom stranom žlice rasporedite polovicu lemon curda u ravnomjernom sloju po kolaču.

f) Trećinu mliječnih mrvica ravnomjerno pospite preko lemon curda. Upotrijebite nadlanicu da ih učvrstite na mjestu.

g) Stražnjom stranom žlice rasporedite jednu trećinu glazure od pistacija što je ravnomjernije moguće preko mrvica.

Sloj 2, sredina
h) Svojim kažiprstom nježno gurnite drugu traku acetata između prstena za tortu i gornjeg ¼ inča prve trake acetata, tako da imate prozirni prsten od acetata visok 5 do 6 inča—dovoljno

visok da izdrži visinu gotove torte. Postavite krug torte na vrh glazure i ponovite postupak za sloj 1.

Sloj 3, vrh

i) Preostali krug kolača ugnječite u glazuru. Pokrijte vrh torte preostalom glazurom. Dajte mu volumen i kovitlajte se ili učinite kao mi i odlučite se za savršeno ravan gornji dio. Glazuru ukrasite preostalim mliječnim mrvicama.

j) Prebacite lim u zamrzivač i zamrznite na minimalno 12 sati da se kolač i nadjev stegne. Kolač će u zamrzivaču stajati do 2 tjedna.

k) Najmanje 3 sata prije nego što budete spremni poslužiti tortu, izvucite lim iz zamrzivača i prstima i palčevima izvadite tortu iz obruča za tortu. Nježno skinite acetat i tortu prebacite na pladanj ili stalak za torte.

Ostavite da se odledi u hladnjaku minimalno 3 sata.

76. Tart od artičoka

Prinos: 8 porcija

Sastojci

- 1 slijepo pečena kora za pitu u 10 žljebova; d
- 1 posuda za tart
- 2 žlice maslinovog ulja
- 1 unca pancete; julienned
- ½ šalice mljevenog luka
- 2 žlice mljevene ljutike
- 6 unci julienned artičoke srca
- 1 žlica mljevenog češnjaka
- ¼ šalice gustog vrhnja -; (na 1/2 šalice)
- 3 žlice šifonade svježeg bosiljka
- 1 sok od jednog limuna
- ½ šalice ribanog sira Parmigiano-Reggiano
- ½ šalice ribanog asiago sira
- 1 sol; okusiti
- 1 svježe mljeveni crni papar; okusiti
- 1 šalica umaka od začinske rajčice; toplo
- 1 žlica chiffonade bosiljka
- 2 žlice ribanog parmezana

Upute

a) Zagrijte pećnicu na 350 stupnjeva. U tavi zagrijte maslinovo ulje.

b) Pirjajte pancetu 1 minutu. Dodajte luk i ljutiku, pirjajte 2 do 3 minute. Dodajte srca i češnjak i nastavite pirjati 2 minute. Dodajte vrhnje. Posolite i popaprite. Umiješajte bosiljak i limunov sok. Maknite s vatre i ohladite. Raširite smjesu artičoka po dnu kalupa za tart. Po smjesi pospite sireve. Pecite 15 do 20 minuta ili dok se sirevi ne otope i ne porumene. Žlicom nalijte bazenčić umaka u sredinu tanjura. Stavite krišku tarta u sredinu umaka.

c) Ukrasite naribanim sirom i bosiljkom.

77. Tart od borovnice i mlaćenice

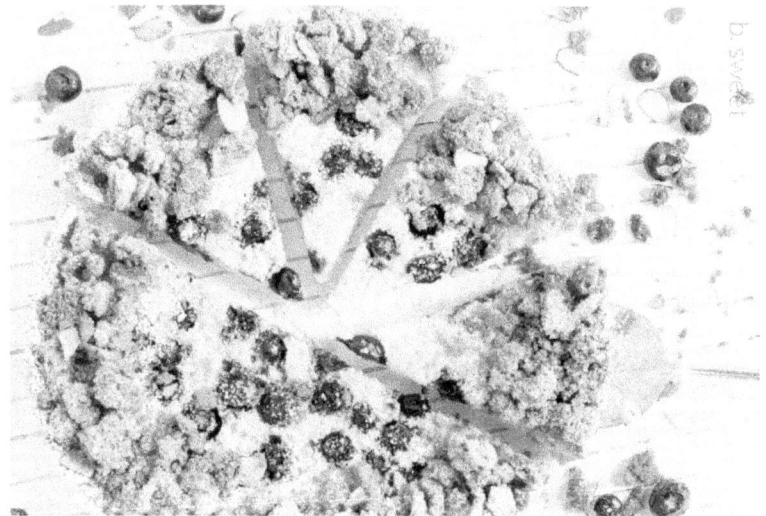

Prinos: 1 porcija

Sastojci
Ljuska
- 1½ šalice višenamjenskog brašna
- ¼ šalice šećera
- ¼ žličice soli
- ¼ funte hladnog maslaca; izrezani komadići
- 1 veliko jaje; pobijediti sa
- 2 žlice ledene vode
- Sirova riža; za vaganje školjke

Nadjev od mlaćenice
- 1 šalica mlaćenice
- 3 velika žumanjka
- ½ šalice šećera
- 1 žlica limunove korice; rešetka
- 1 žlica svježeg soka od limuna
- ½ štapića neslanog maslaca; otopiti, ohladiti ▢ 1 žličica vanilije
- ½ žličice soli
- 2 žlice višenamjenskog brašna
- 2 šalice borovnica; prebirati
- Šećer u prahu

Upute
LJUSKA
f) U zdjeli pomiješajte brašno, šećer i sol. Dodajte maslac i miksajte dok smjesa ne podsjeća na grubo brašno. Dodajte smjesu žumanjaka, miješajući dok se tekućina ne uklopi, i oblikujte tijesto u disk. Pospite tijesto brašnom i ohladite, zamotano u plastičnu foliju, 1 sat. Razvaljajte tijesto debljine ⅛" na pobrašnjenoj površini i stavite u kalup za tart od 10" s odvojivim rubom.

g) Ohladite ljusku najmanje 30 minuta ili, poklopljeno, preko noći.
Zagrijte pećnicu na 350°C. Obložite ljusku folijom i napunite rižom. Pecite ljusku u sredini pećnice 25 minuta. Pažljivo uklonite foliju i rižu i pecite ljusku još 5 minuta ili dok ne porumeni. Ohladite ljusku u tavi na rešetki.

PUNJENJE

h) U blenderu ili procesoru pomiješajte sastojke za punjenje dok smjesa ne postane glatka. Borovnice ravnomjerno rasporedite po dnu kore. Prelijte nadjev od mlaćenice preko borovnica i pecite u sredini pećnice 30 do 35 minuta ili dok se ne stegne.

i) Uklonite rub posude i potpuno ohladite kolač u posudi na rešetki. Prosijte slastičarski šećer preko kolača i poslužite na sobnoj temperaturi ili ohlađen sa sladoledom od borovnice.

78. Grčka salata od prosa i piletine

SASTOJCI

Za salatu

2 žlice (30 ml) biljnog ili maslinovog ulja 1/2 šalice (80 g) vrlo sitno nasjeckanog luka

1 crvena paprika, očišćena od sjemenki i vrlo sitno nasjeckana

1 šalica (175 g) prosa, dobro ispranog i ocijeđenog 1/2 žličice košer ili fine morske soli

1/2 žličice svježe mljevenog crnog papra 1 žličica sušenog origana 1 šalica (235 ml) vode

3/4 šalice (180 ml) pilećeg temeljca ili vode

1 1/2 šalice (60 g) listova mladog špinata, dobro ispranih i protresenih

1 mali krastavac, oguljen i sitno nasjeckan

1/3 šalice (35 g) nasjeckanih maslina, po mogućnosti Kalamata

1/3 šalice (50 g) cherry rajčica narezanih na četvrtine

1/2 manjeg crvenog luka, vrlo tanko narezanog

11/2 šalice (210 g) kuhane piletine narezane na male kockice ili nasjeckane, na sobnoj temperaturi

Za preljev

1/3 šalice (80 ml) ekstra djevičanskog maslinovog ulja

2 žlice (30 ml) svježe iscijeđenog soka od limuna

1 do 2 žlice (15 do 30 ml) crvenog vinskog octa, po ukusu

1/2 žličice košer ili fine morske soli

1/4 žličice svježe mljevenog crnog papra

Za preljev

2 žlice (6 g) sitno nasjeckanog svježeg peršina

1/4 šalice (38 g) izmrvljenog feta sira (po želji)

METODA

1. Pritisnite Sauté i zagrijte biljno ulje u unutarnjem loncu vašeg električnog ekspres lonca. Kad zapiri, dodajte nasjeckani luk i papriku i kuhajte uz miješanje 4 minute, odnosno dok luk

malo ne omekša. Dodajte proso. Pospite solju, paprom i origanom, zatim ulijte vodu i temeljac, miješajući da se ništa ne zalijepi za dno lonca. Pritisnite Odustani.

2. Zatvorite i zaključajte poklopac, pazeći da je ručka za ispuštanje pare u položaju za brtvljenje. Kuhajte na visokom tlaku 9 minuta. Kada je gotovo, prirodno otpustite pritisak 8 minuta, zatim okrenite ručicu za ispuštanje pare na ventilaciju, ispuštajući preostalu paru. Otključajte poklopac i pažljivo ga otvorite.

3. Skinite poklopac, vilicom izgrabite žitarice i prebacite ih u veliku zdjelu. U zdjelu dodajte špinat, umiješajte ga u proso i pustite da se zelje na pari uvene. Ostavite sa strane da se ohladi na sobnu temperaturu, povremeno protresite vilicama da se proso ne zgrudva. Kad se ohladi, umiješajte krastavce, masline, rajčice, crveni luk i piletinu.

Prinos: oko 4 porcije

79. Salata od povrća od kvinoje s vinaigretteom od limuna

SASTOJCI

Za kvinoju

1 šalica povrtnog temeljca ili vode 1/4 šalice (60 ml) vode
1 šalica (175 g) kvinoje, vrlo dobro isprane i ocijeđene
1 žličica košer ili fine morske soli Za vinaigrette od limuna
2 žlice (30 ml) svježe iscijeđenog soka od limuna 1/4 šalice (60 ml) ekstra djevičanskog maslinovog ulja 1 žličica meda (ili po ukusu)
1/2 žličice svježeg lišća majčine dušice 1/4 žličice košer ili fine morske soli
1/8 žličice svježe mljevenog crnog papra

Za povrće

1 žlica (15 ml) maslinovog ili biljnog ulja
2 velike mrkve, obrezane i sitno nasjeckane
2 stabljike celera, obrezane i sitno nasjeckane
1 velike crvene paprike, bez sjemena i sitno nasjeckane
2 žlice (20 g) mljevenog crvenog luka
1 šalica (150 g) cherry rajčica, narezanih na četvrtine
1 srednji krastavac, oguljen, bez sjemenki i sitno nasjeckan
2 mladi luk, podrezan i tanko narezan
2 žličice (1 g) svježih listova timijana

METODA

KVINOJA

Stavite temeljac, vodu, kvinoju i sol u unutarnji lonac vašeg električnog ekspres lonca. Promiješajte i poklopite lonac. Zaključajte poklopac, pazeći da je ručka za ispuštanje pare u položaju za brtvljenje. Kuhajte na visokom tlaku 4 minute. Kada je kvinoja gotova, pustite da se pritisak prirodno oslobodi 12 minuta, zatim okrenite ručicu za ispuštanje pare na ventilaciju, ispuštajući preostalu paru. Otključajte poklopac i pažljivo ga otvorite.

Premjestite kvinoju u zdjelu i ostavite sa strane. Obrišite lonac i vratite u ekspres lonac.
VINAIGRET
Dok se kvinoja kuha, napravite vinaigrette. U zdjeli ili staklenci s čvrstim poklopcem pomiješajte sastojke za preljev dok se ne emulgiraju. Ako koristite staklenku, možete je snažno protresti da se pomiješa. Kušajte i prilagodite začine po potrebi.
POVRĆE
Pritisnite Sauté i zagrijte ulje u unutarnjoj posudi. Dodajte mrkvu, celer, papriku i luk i kuhajte, često miješajući, dok luk ne omekša, oko 3 minute. Pritisnite Odustani.

U kuhanu kvinoju dodajte pirjano povrće. Umiješajte rajčice, krastavce i mladi luk. Po vrhu pospite majčinu dušicu. Začinite salatu s otprilike 3 žlice (45 ml) vinaigrettea, pomiješajte da prekrije žitarice i povrće. Kušajte i prilagodite začine, po želji dodajte još vinaigrette.

Stavite salatu u hladnjak i ohladite do posluživanja. Okusi će se izmiješati dok odmara. Ponovno promiješajte prije posluživanja. Može se poslužiti ohlađeno ili na sobnoj temperaturi.

80. Rižoto od šafrana

SASTOJCI

1/2 žličice šafranovih niti
3 žlice (45 ml) kipuće vode
1 žlica (15 ml) maslinovog ili biljnog ulja 1/2 srednjeg luka, sitno nasjeckanog
1 češanj češnjaka, mljeveni
11/2 šalice (285 g) riže Arborio ili Carnaroli (nemojte zamijeniti drugu vrstu riže)
2 žlice (30 ml) suhog bijelog vina (po želji)
13/4 šalice (415 ml) vode
2 šalice (470 ml) temeljca od povrća podijeljene
1/2 žličice košer ili fine morske soli
1/4 žličice svježe mljevenog crnog papra
2 žlice (28 g) neslanog maslaca ili veganske alternative bez mliječnih proizvoda kao što je Earth Balance
1 žličica svježe naribane korice limuna (po želji)
1 šalica (150 g) smrznutog graška
Naribani parmezan (po izboru, izostavite za bezmliječne i veganske)

UPUTE

U manjoj zdjelici potopite šafran u vruću vodu.
Pritisnite Sauté da zagrijete unutarnji lonac vašeg ekspres lonca.
Dodajte ulje i zagrijte dok ne zasja, zatim umiješajte luk i češnjak. Kuhajte, često miješajući, dok luk malo ne omekša, oko 4 minute. Dodajte rižu i promiješajte da se sva zrna prekriju uljem. Ulijte vino i kuhajte dok se ne upije. Umiješajte vodu, 11/2 šalice (355 ml) temeljca, šafran s vodom za namakanje te sol i papar. Promiješajte kako biste bili sigurni da se na dnu lonca nisu zaglavili zapečeni komadići. Pritisnite Odustani.
Zatvorite i zaključajte poklopac, pazeći da je ručka u položaju za brtvljenje. Kuhajte 4 minute na visokom tlaku. Kada je gotovo, prirodno otpustite pritisak na 8 minuta, zatim okrenite gumb u

položaj za odzračivanje i brzo otpustite preostali pritisak. Otključajte poklopac i pažljivo ga otvorite.

Miješajte rižu dok ne postane glatka i dok se sva tekućina ne uklopi. Umiješajte maslac dok se ne otopi i dok riža ne postane kremasta. Umiješajte limunovu koricu i grašak. Vratite poklopac i pustite da se grašak kuha na pari 3 minute. Kušajte i prilagodite začine s još soli ili papra ako je potrebno. Pomiješajte rižu da se grašak ravnomjerno rasporedi. Ako želite kremastiju, rahliju teksturu, umiješajte preostalu 1/2 šalice (120 ml) temeljca. Sipajte u zdjelice, svaku pospite s malo parmezana po želji i poslužite.

Prinos: 4 porcije

81. Škampi i tjestenina u umaku od limuna

SASTOJCI

Za tjesteninu
- 12 unci (340 g) penne tjestenine
- 1 čajna žličica košer ili fine morske soli maslinovo ulje, za miješanje

Za škampe
- 1 žlica (15 ml) maslinovog ili biljnog ulja
- 1 srednja ljutika, mljevena
- 1 1/2 funte (680 g) sirovih srednjih škampi, oguljenih i očišćenih
- 1/2 žličice mljevenog svježeg kopra
- Košer ili fina morska sol i svježe mljeveni crni papar, po ukusu

Za krem umak od limuna
- 3 žlice (42 g) neslanog maslaca
- 1 1/2 šalice (355 ml) gustog vrhnja ili evaporiranog mlijeka
- 1 1/2 češnja češnjaka, oguljenog
- 2 žličice (10 ml) svježe iscijeđenog soka od limuna
- 2 žličice (4 g) sitno naribane korice limuna
- 1 1/4 šalice (125 g) ribanog parmezana, podijeljeno ▯ Sol i svježe mljeveni crni papar, po ukusu
- Sitno sjeckani svježi talijanski peršin ili vlasac, za ukras

METODA

Tjestenina

1. Stavite tjesteninu u unutarnji lonac vašeg ekspres lonca. Ulijte dovoljno vode da prekrije tjesteninu za 1 inč (2,5 cm). Promiješajte tjesteninu da se ne zalijepi za dno posude. Pospite sol u vodu. Zatvorite i zaključajte poklopac, pazeći da je ručka za ispuštanje pare u položaju za brtvljenje. Kuhajte na visokom tlaku 2 minute.

2. Kada je gotovo, prirodno otpustite tlak 3 minute, a zatim kontrolirano otpustite okretanjem ručke za otpuštanje pare na pola puta između položaja za brtvljenje i odzračivanje. Zaštitite ruku vrućim jastučićem. Kada je ispuštena sva para, pritisnite Odustani. Otključajte poklopac i pažljivo ga otvorite. Istresite tjesteninu u cjedilo, ocijedite je i prelijte s malo ulja da se ne zalijepi dok odstoji. Obrišite unutarnji lonac.

škampi

1. Pritisnite Sauté i zagrijte unutarnji lonac. Dodajte ulje i kad se zagrije umiješajte ljutiku. Kuhajte oko 1 minutu, dok tek ne počne dobivati boju. Dodajte kozice i kopar, promiješajte da se pokapaju uljem. Kuhajte, često miješajući, dok škampi ne postanu neprozirni i porumene s obje strane, 1 do 2 minute sa svake, dok ne budu gotovi. Lagano pospite solju i paprom. Koristite šupljikavu žlicu da izvadite škampe iz lonca i dodajte ih tjestenini; poklopiti da ostane toplo.

Krem umak od limuna

1. Dodajte maslac u unutarnji lonac, zagrijavajte dok se potpuno ne otopi. Umutiti vrhnje, češnjak, limunov sok i koricu. Kuhajte dok se ne zagrije, često miješajući da ne zagori. Bacite češnjak. Umiješajte 1 šalicu (100 g) parmezana dok ne postane glatko. Pritisnite Odustani. Kušajte i prema potrebi dodajte začine solju i paprom.

2. Dodajte tjesteninu i škampe u umak, miješajući kako biste temeljito obložili svaki komad. Vratite poklopac i ostavite da odstoji nekoliko minuta ili dok se tjestenina i škampi ne zagriju. Dodajte malo vode ako umak postane pregust.

3. Za posluživanje izvadite tjesteninu i škampe u zdjelice i pospite vrh svake porcije s 1 žlicom (6 g) preostalog parmezana i malo peršina. Poslužite vruće.

Prinos: 4 porcije

82. Klasično cijelo pečeno pile

SASTOJCI

1 (3 do 5 funti ili 1362 do 2270 g) cijelo pile
1 žlica (18 g) soli, podijeljena
1 limun, prerezan na pola
1 luk, izrezan na četvrtine
2 žličice (4 g) svježe mljevenog papra
2 žličice (4 g) paprike
1 žličica suhe majčine dušice
1 šalica (235 ml) vode
Ulje ili otopljeni neslani maslac (po želji, za hrskavu kožu)

METODA

1. Uklonite iznutrice ili druge iznutrice iz šupljine pileta. Osušite papirnatim ručnikom. Pospite 1 čajnu žličicu (6 g) soli u piletinu. Stavite izrezane komade limuna i luka u šupljinu piletine. Preostale 2 žličice (12 g) soli, papra, paprike i timijana ravnomjerno pospite po piletini.
2. Stavite postolje u unutarnji lonac vašeg električnog ekspres lonca i dodajte vodu. Stavite začinjenu piletinu s prsima prema gore na podlogu.
3. Zatvorite i zaključajte poklopac, pazeći da je gumb za ispuštanje pare u položaju za brtvljenje. Kuhajte na visokom tlaku 6 minuta po funti (454 g).

Piletina od 3 funte (1,4 kg) = 18 minuta
Piletina od 4 funte (1,8 kg) = 24 minute
Piletina od 5 funti (2,3 kg) = 30 minuta
Ako je vaša piletina između težine, dodajte 3 minute za svakih pola funte (227 g).

Primjer: jedno pile od 4 1/2 funte (2 kg) bilo bi jednako 27 minuta na visokom tlaku.

4.   Kada vrijeme kuhanja završi, dopustite prirodno ispuštanje 20 minuta, zatim pomaknite gumb za otpuštanje tlaka u položaj za ventilaciju i ispustite preostalu paru.
Kada plovak padne, otključajte poklopac i pažljivo ga otvorite.
5.   Ako volite da vam pileća koža bude hrskava, nakon što je izvadite iz lonca, prebacite je u lim za pečenje obložen folijom. Premažite uljem ili otopljenim maslacem i stavite ispod pečenja na 2 do 4 minute.

Prinos: 4 porcije

83. Škampi i griz

SASTOJCI

Za škampe
- 1 funta (454 g) škampa, oguljenih i očišćenih
- 1 žlica (3 g) začina Old Bay (Old Bay je bez glutena)
- 3 kriške dimljene slanine, narezane na kockice (Applegate Farms ima slaninu)
- 1 srednji žuti luk, nasjeckan
- 1 crvena ili zelena paprika, očišćena od sjemenki i nasjeckana
- 3 češnja češnjaka, nasjeckana
- 1/2 šalice (120 ml) pilećeg temeljca
- 1 (14,5 unce ili 406 g) limenka rajčice narezane na kockice
- 2 žlice (30 ml) svježe iscijeđenog soka od limuna
- 1/2 žličice tabasca ili ljutog umaka, po ukusu 1/2 žličice soli
- 1/2 žličice svježe nasjeckanog crnog papra 1/4 šalice (60 ml) gustog vrhnja
- 1/4 šalice (25 g) tanko narezanog mladog luka, samo zeleni dijelovi

Za žgance
- 3/4 šalice (105 g) krupice (kao što je Bob's Red Mill grubi kukuruzni griz)
- 1 1/2 šalice (355 ml) punomasnog mlijeka 1 1/2 šalice (355 ml) vode 1/2 žličice soli
- 1/2 žličice svježe nasjeckanog crnog papra
- 2 žlice (28 g) neslanog maslaca

METODA

škampi

1. Osušite škampe, pospite začinima Old Bay i ostavite sa strane.
2. Pritisnite Sauté na svom električnom ekspres loncu. Kad se unutarnji lonac zagrije, dodajte slaninu narezanu na kockice i kuhajte dok ne postane hrskava, 3 do 5 minuta. Prebacite slaninu na tanjur obložen papirnatim ručnikom, ali ostavite slaninu da kaplje u loncu. Dodajte luk i papriku u lonac i kuhajte dok luk ne omekša i postane proziran, 2 do 3 minute. Dodajte češnjak i kuhajte dodatnih 30 sekundi, dok ne zamiriše.
3. Dodajte pileći temeljac u lonac, dobro promiješajte kako biste oslobodili zapečene komadiće s dna. Dodajte rajčice i njihove sokove, limunov sok, ljuti umak, sol i papar. Promiješajte da se sjedini. Pritisnite Odustani.
4. Stavite podnožje u lonac. Pobrinite se da baza stative stoji iznad umaka.

Krupica

1. U zdjeli od srednjeg stakla ili nehrđajućeg čelika koja stane u vaš ekspres lonac, pomiješajte griz, mlijeko, vodu, sol i papar. Pokrijte zdjelu aluminijskom folijom, skupite rubove da se zatvore. Pomoću remena od folije pažljivo postavite posudu na podnožje unutar unutarnje posude.
2. Zatvorite i zaključajte poklopac, pazeći da je ručka za ispuštanje pare u položaju za brtvljenje. Kuhajte na visokom tlaku 10 minuta. Ostavite prirodno otpuštanje tlaka 15 minuta, zatim okrenite gumb u položaj za odzračivanje, ispuštajući preostalu paru. Kada plovak padne, otključajte poklopac i pažljivo ga otvorite. Izvadite posudu sa grizom i ostavite sa strane.
3. Izvadite podlogu iz lonca pomoću hvataljki. U lonac dodajte začinjene škampe. Ponovno zatvorite i zaključajte poklopac kako bi se škampi dovršili kuhati na preostaloj toplini,

6 do 8 minuta.

4. Dok se škampi kuhaju, u griz dodajte maslac i mutite dok se maslac potpuno ne otopi, a smjesa postane kremasta.

5. Otvorite ekspres lonac i lagano promiješajte škampe. Pritisnite Odustani. Pritisnite Sauté, zatim umiješajte vrhnje u smjesu od kozica. Zagrijte dok se ne zagrije, neprestano miješajući. Nemojte kuhati umak.

6. Žlicom rasporedite griz u pojedinačne posude za posluživanje, a zatim na vrh stavite škampe i umak. Ukrasite mladim lukom i ostavljenom slaninom.

Prinos: 4 porcije

PIĆA

84. Limunada od ruže i geranija

NAPRAVI MALO ČETVRTE SIRUPA ZA DOBIVANJE 2 DO 24 ČETVRTE LIMUNADE

8 srednjih limuna
½ šalice lagano upakiranih listova ružinog geranija, (7 do 10 malih listova)
2 šalice super finog šećera
Cvjetovi ruže geranija, za ukras

UPUTE

Pomoću gulilice za povrće uklonite koru limuna u širokim trakama, a limune ostavite. Stavite trake u staklenku od 2 litre ili nereaktivni vrč s poklopcem s lišćem ružinog geranija. Dodajte šećer i kuhačom ili stražnjom stranom drvene žlice zgnječite kore i lišće sa šećerom kako bi otpustili njihova eterična ulja. Kad su kore obložene šećerom, pokrijte staklenku i ostavite preko noći na sobnoj temperaturi. Sljedećeg dana šećer će biti mokar, a sadržaj će biti malo niže u staklenci. Iscijedite sok od sačuvanih limuna; trebali biste dobiti oko 2 šalice soka. Ako ste malo niski, dodajte dovoljno vode da napravite 2 šalice. Šećeru i korama dodajte sok, poklopite i snažno protresite staklenku da se šećer otopi i sjedini s limunovim sokom. Kušajte sirup. Okus ružinog geranija trebao bi biti suptilan. Ako vam se sviđa, procijedite sirup kroz sitno sito u čistu staklenku i čuvajte u hladnjaku. (Za dodatni okus, dodajte još nekoliko listova i ostavite staklenku da odstoji preko noći u hladnjaku prije nego što procijedite sirup.)

Da biste napravili limunadu, ulijte jednake dijelove sirupa i vode u visoku čašu. Uzmite gutljaj i dodajte još vode ili sirupa po ukusu. Poslužite s ledom, ukrašeno s nekoliko cvjetova.

Rose geranium je starinski okus, savršen za limunadu. Može ga biti teško pronaći osim ako ga sami ne uzgajate ili imate pouzdan izvor. Većina rasadnika ima mirisne geranije, a možete i s drugim biljnim dodatkom - lavanda, bosiljak, limunska verbena i ružmarin su drugi favoriti.

85. Jagoda limun agua fresca s bosiljkom

ČINI OKO 2½ KVARTE AGUA FRESCA

1 limun
½ šalice šećera
4 šalice zrelih jagoda, očišćenih od peteljki i prepolovljenih (oko 1 funta)
1 šalica lagano upakiranih listova svježeg bosiljka

UPUTE

Pomoću gulilice za povrće uklonite koru limuna i stavite kore u veliki nereaktivni vrč ili staklenku od 4 litre sa šećerom. Mutilicom ili stražnjom stranom drvene žlice zgnječite kore sa šećerom kako biste oslobodili eterična ulja. Staviti na stranu. Odrežite vrhove cvijeta i peteljke limuna, uklanjajući dovoljno kore da se vidi pulpa. Oštrim nožem za guljenje odrežite bijelu srž i nasjeckajte pulpu na male komadiće, uklanjajući usput sjemenke.

Pasirajte pulpu limuna, jagode i listove bosiljka u blenderu s dovoljno vode da olabavite smjesu, oko ½ šalice. Procijedite kroz fino sito u vrč s korama i šećerom, dodajući barem onoliko hladne vode koliko imate pirea, počevši od 5 šalica. Miješajte tekućinu sa šećerom dok se ne otopi, kušajte i dodajte još šećera i vode po ukusu. Agua fresca bi trebala biti lagana, osvježavajuća i jedva slatka. Poslužite preko mrvljenog leda.

86. Lemon mint limonina

ČINI 1 PORCIJU
1 šalica šećera
Đumbir od 1 inča, oguljen i krupno nariban
2 mali limunovi
⅓ šalice upakiranih svježih listova metvice
1½ šalice zdrobljenog leda ili oko 7 kockica leda

UPUTE
U malom loncu pomiješajte šećer s 1 šalicom vode. Pustite smjesu da zavrije na srednje jakoj vatri, povremeno miješajući. Kad se šećer otopi, dodajte đumbir i maknite posudu s vatre. Ostavite đumbir u jednostavnom sirupu i ostavite da se potpuno ohladi. Ako radite samo 1 ili 2 limunina, ostat će vam sirup. Koristite ga za zaslađivanje toplog ili hladnog čaja ili dodajte malo gazirane vode ili limunade. Zadržat će se nekoliko tjedana.
U međuvremenu odrežite cvjetove i vrhove peteljki limuna, uklanjajući dovoljno kore da se vidi pulpa. Oštrim nožem za guljenje odrežite koru i bijelu srž. Odložite koru za drugu upotrebu. Izrežite pulpu na male komadiće, uklanjajući sjemenke dok idete.
Stavite pulpu limuna u blender s mentom, ½ šalice sirupa od đumbira i malo naribanog đumbira te ledom. Miješajte dok ne dobijete bljuzgavicu, dodajući vodu ako je potrebno da pijete piće kroz slamku.

87. Domaći limoncello

PRAVI OKO 8 ŠALICA LIMONCELLA

10 limuna, po mogućnosti organski
1 (750 ml) boca votke 100 proof
3 šalice šećera

UPUTE

Pomoću gulilice za povrće uklonite koru s limuna u širokim trakama, odrežući srž koja je ostala na kori. Ostavite voće sa strane za drugu upotrebu. Stavite kore u veliku posudu koja ne reaguje i prelijte ih bocom votke. Pokrijte spremnik plastičnom folijom i čuvajte ga na hladnom i tamnom mjestu koliko god možete čekati, najmanje 2 tjedna, a najbolje 4 tjedna.

U srednje velikoj tavi zakuhajte 4 šalice vode sa šećerom, neprestano miješajući dok se šećer ne otopi. Maknite posudu s vatre i potpuno ohladite. Dodajte šećerni sirup u votku, poklopite i ostavite limoncello da odstoji 24 sata. Procijedite smjesu u čistu staklenku od 2 litre s poklopcem i bacite limunovu koru. Spremite u zamrzivač.

VARIJACIJA: Za kremasti limoncello, dodajte mahunu vanilije, izrezanu i ostruganu, korici limuna i votki. Na kraju 2 tjedna (ili 4 tjedna) zakuhajte 8 šalica punomasnog mlijeka s 5 šalica šećera. Kuhajte 5 minuta, dok se šećer ne otopi, maknite s vatre i potpuno ohladite. Dodajte mliječni sirup votki i procijedite je u prozirnu bocu ili staklenku. Spremite u zamrzivač.

88.Limun štapić za odrasle

ČINI 1 PORCIJU
2 unce domaćeg limunčela ili kupljenog u trgovini
2 unce džina
1 unca svježe iscijeđenog soka od limuna
5 velikih listova svježe paprene metvice
Twist od limuna, za ukras
Klub sok ili gazirana voda (po izboru)
UPUTE
Napunite shaker za koktele ili staklenu posudu s poklopcem kockicama leda. Dodajte limoncello, gin, limunov sok i listiće mente. Snažno protresite dok se dobro ne ohladi. Procijedite i poslužite u čaši za martini ukrašenom limunskom čašom ili u čaši highball napunjenoj ledom, nadopunjenoj sodom.

89. Šotovi zelenog i limuna

ČINI 2 PORCIJE

1 limun, narezan na četvrtine
2 zelene jabuke, kao što su Newtown Pippin ili Granny Smith
2 pakirane šalice listova kelja ili špinata
1-inčni đumbir, oguljen

UPUTE

Uklonite sve vidljive sjemenke s četvrtina limuna i izrežite jabuke (neoguljene i bez jezgre) na komade koji će stati kroz otvor za ubacivanje sokovnika. Ubacite limun, zatim jabuku i kelj. Pošaljite đumbir zadnji i uživajte odmah.

90. Limun ružmarin ječmena voda

ČINI 2 ČETVRTE JEČMENE VODE
1 šalica bisernog ječma, dobro ispranog
4 limuna, kora uklonjena gulilicom za povrće, voće ocijeđeno, podijeljeno
1 šalica super finog šećera
4 grančice svježeg ružmarina

UPUTE
U velikom loncu pomiješajte ječam s 2 litre hladne vode i polovicom kore limuna. Poklopite i pustite da zavrije na jakoj vatri. Smanjite vatru i nastavite kuhati, djelomično poklopljeno, 30 minuta ili dok ječam ne omekša, ali ne postane kašast.

U međuvremenu, stavite preostale kore i šećer u veliku staklenku sa širokim grlom ili nereaktivni vrč i pomoću mješalice ili stražnje strane drvene žlice zgnječite kore sa šećerom kako biste oslobodili njihova eterična ulja.

Kad je ječam kuhan, procijedite ječmenu vodu u staklenku i dodajte ružmarin. Miješajte dok se šećer ne otopi, povremeno kušajući kako biste procijenili jačinu okusa ružmarina. Uklonite grančice kad vam bude ukusno. Dodajte sok od 2 ili više limuna i ohladite. Ostavite kore u staklenci za dodatni okus.

ZAČINI

91. Konzervirani limuni

PRAVI 6 KONZERVIRANIH LIMUNOVA, IZREŽENIH NA OSMINE
1 tucet malih limunova (oko 3 funte)
1 šalica krupne morske soli
Ekstra djevičansko maslinovo ulje

UPUTE
Napunite staklenku za konzerviranje od 1 litre kipućom vodom. Ostavite vodu da odstoji 1 minutu; ocijedite staklenku i preokrenite je na čisti ručnik da se osuši. Odrežite i odbacite stabljike i krajeve cvjetova 6 limunova i narežite ih uzdužno na osmine. Stavite klinove u zdjelu koja ne reaguje. Iscijedite sok od preostalih limuna; trebali biste završiti s otprilike 1 šalicom soka. Ostavite sok sa strane.

Dodajte sol u zdjelu i bacite dijelove limuna da se oblože prije nego što ih spakirate u staklenku. Dok punite staklenku, dodajte sol iz zdjelice, ravnomjerno je rasporedite po posudi. Prelijte limun sokom, ostavljajući ½ inča prostora za glavu između soka i poklopca koji ne reagira. Ostavite limun tjedan dana na sobnoj temperaturi. Svaki dan protresite staklenku kako biste ponovno rasporedili sol i sok. Nakon tjedan dana dodajte ulje da prekrije i stavite u hladnjak do 6 mjeseci.

92. Domaći ricotta sir

PRAVI 1 VELIKU ŠALICU SIRA

4 šalice punomasnog mlijeka, neUHT pasteriziranog i po mogućnosti organskog, kao što je Organic Valley
1 šalica gustog vrhnja (po želji)
½ žličice košer soli
3 do 4 žlice svježe iscijeđenog soka od limuna

UPUTE

U loncu koji ne reaguje na srednje jakoj vatri zagrijte mlijeko, vrhnje i sol, povremeno miješajući da ne zagori. Kad mlijeko zabilježi 180 stupnjeva F na termometru s trenutnim očitanjem, maknite posudu s vatre. Dodajte sok od limuna (3 žlice za samo mlijeko; 4 žlice za mlijeko i vrhnje), promiješajte jednom ili dva puta i ostavite smjesu da nesmetano stoji dok se skuta i sirutka odvoje, oko 15 minuta.

Cjedilo ili sito obložite gazom, nebijeljenim papirnatim ručnicima ili velikim filtrom za kavu. Postavite ga iznad zdjele i ulijte skutu u cjedilo. Ostavite da se ricotta ocijedi do željene gustoće; Volim da moja ricotta ima kremastu konzistenciju, sličnu grčkom jogurtu. Stavite ricottu u čistu posudu u hladnjak i iskoristite je unutar 4 do 5 dana.

93. Lemon curd

PRAVI OKO 1⅓ ŠALICE SKUTE

1 šalica šećera
¼ šalice grubo nasjeckane korice limuna (od 4 srednja limuna)
6 žumanjaka
½ šalice svježe iscijeđenog soka od limuna (od 2 srednja limuna)
6 žlica neslanog maslaca, narezanog na male komadiće
½ žličice košer soli

UPUTE

Pripremite vodenu kupelj za skutu: Napunite srednju posudu s nekoliko inča vode i pustite da voda zavrije. Neka voda kuha na laganoj vatri dok kuhate skutu.

U nereaktivnoj zdjeli koja je dovoljno mala da stane u tavu s vodom, pjenasto izmiješajte šećer, koricu i žumanjke. (Učinite to brzo: ako pričekate, smjesa će se zgrušati.) Stavite zdjelu iznad posude i neprestano miješajte dok se šećer ne otopi. Dodajte limunov sok i uz dalje miješanje kuhajte oko 5 minuta dok se smjesa ne počne vrlo lagano zgušnjavati. Dodajte maslac i sol, zatim prijeđite na lopaticu i neprestano miješajte dok smjesa ne postane gusta i neprozirna, s konzistencijom između jogurta i kiselog vrhnja, još oko 10 minuta. Skuta će zabilježiti približno 170 stupnjeva F na termometru s trenutnim očitavanjem.

Procijedite skutu kroz fino sito u čistu zdjelu i prekrijte plastičnom folijom, stavite je izravno na površinu kako se ne bi stvorila kožica. Stavite u hladnjak dok se ne stegne, oko 1 sat.

94. Chutney od limuna s datuljama i korijanderom

PRAVI 2 STAKLKE OD POLA PINTE
4 limuna (oko 1 funta)
1 žlica košer soli
⅓ šalice sitno nasjeckane ljutike
¼ šalice svježe iscijeđenog soka od limuna (od 1 srednjeg limuna)
¼ šalice jabučnog octa
2 žličice oguljenog i naribanog svježeg đumbira
1 žlica žutih sjemenki gorušice
1 žličica sjemenki korijandera, lagano tostiranih i zgnječenih
½ žličice pahuljica crvene paprike
1 šalica tamno smeđeg šećera
1 šalica sitno nasjeckanih datulja bez koštica (oko 5½ unci)

UPUTE

Pomoću gulilice za povrće uklonite koru s limuna, odrežući srž koja je ostala na kori. Oštrim nožem za guljenje uklonite srž s limuna. Fino nasjeckajte pulpu i kore, odbacite sjemenke, i stavite ih u zdjelu koja ne reagjue sa soli i svim sokovima s daske za rezanje. Pokrijte zdjelu i ostavite preko noći na pultu.

Sljedeći dan stavite sadržaj zdjelice u nereaktivnu posudu s ljutikom. Umiješajte limunov sok, jabukovači ocat, đumbir, sjemenke gorušice i korijandera, papar u ljuspicama i smeđi šećer. Pustite smjesu da polako zavrije na srednje jakoj vatri, miješajući dok se šećer ne otopi.

Dodajte datulje i smanjite vatru da lagano kuha. Nastavite kuhati na laganoj vatri, povremeno miješajući, dok smjesa ne postane gusta i sjajna, 45 minuta do 1 sat.

Začinite po želji s dodatnom soli, ako je potrebno. Ako chutney ne planirate upotrijebiti unutar 2 tjedna, ulijte ga u vruće, sterilizirane staklenke i obradite u vodenoj kupelji prema uputama proizvođača staklenki. Čuvajte ih na hladnom, tamnom i suhom mjestu do godinu dana.

95. Maslinovo ulje s limunom

ČINI 1 ŠALJU

2 srednja limuna
1 žličica fine morske soli
1 šalica ekstra djevičanskog maslinovog ulja

UPUTE

Pomoću gulilice za povrće uklonite koru s limuna, odrežući srž koja je ostala na kori. Ostavite voće sa strane za drugu upotrebu. Trebali biste imati otprilike ¼ šalice kora. Dodajte kore u veliki mužar ili zdjelu koja ne reaguje. Kore pospite solju i tučkom, mutilicom ili stražnjom stranom drvene žlice trljajte kore solju dok se ne otopi. Dodajte jednu četvrtinu ulja i lagano mutite kore s uljem 1 minutu ili dok ulje ne postane vrlo aromatično. Dodajte ostatak ulja, promiješajte i pokrijte žbuku plastičnom folijom. Ostavite ulje da odstoji na sobnoj temperaturi 3 dana prije nego što ga procijedite u čistu, suhu staklenu posudu. Čuvajte u hladnjaku ili hladnom, tamnom ormariću do 6 mjeseci.

96. Meyer marmelada od limuna i grejpa

PRAVI 6 STAKLEK ZA POLITRU

3 veliki crveni ili ružičasti grejp (oko 3 funte), po mogućnosti organski
4 do 6 Meyerovih limuna (oko 1 funte), po mogućnosti organskih
4 šalice šećera
1 mahune vanilije, razdvojiti i ostrugati

UPUTE

Prepolovite grejp i stavite ih u veliki lonac s cijelim limunom koji ne reaguje. Dodajte dovoljno hladne vode da pokrije voće nekoliko centimetara i pirjajte nepoklopljeno dok voće ne omekša, oko 1 sat. (Koristite drveni ražanj za probu voća; trebao bi lako probušiti kožu.) Ako su limuni spremni prije grejpa, izvadite ih u zdjelu da se ohlade. Kad su polovice grejpa gotove, ostavite ih sa strane da se ohlade.

Kad se voće dovoljno ohladi da se njime može rukovati, držite polovicu grejpa dlanom jedne ruke i, radeći preko srednje velike zdjele, žlicom zagrabite meso i opnu u zdjelu, uklanjajući usput sve sjemenke. Zatim žlicom nježno ostružite i uklonite višak srži ili vlakana s ljuske. Prepolovite svaku koru grejpa i narežite je poprečno na trake od $\frac{1}{4}$ inča. Stavite trakice u posudu s poklopcem i ostavite u hladnjaku do sljedećeg dana. (Dodavanje kore grejpa tijekom postupka osigurava zadržavanje oblika i lagano žvakanje.)

Ponovite postupak s limunom, dodajući opnu i eventualni sok ili pulpu u istu zdjelu, uklanjajući sjemenke usput. Prije nego što dodate kore u zdjelu, vratite se i uklonite sve sjemenke koje ste možda propustili. Kore grubo nasjeckajte i dodajte u zdjelu. Sadržaj zdjele stavite u zdjelu multipraktika. Obradite dok se voće i limunova kora ne nasjeckaju na sitno i prebacite ih u bakrenu posudu za konzerviranje ili široku, nereaktivnu tavu. Dodajte 3 šalice hladne vode, šećer i mahunu vanilije. Pustite smjesu da zakipi na jakoj vatri, promiješajte jednom ili dvaput da se sastojci sjedine. Maknite lonac s vatre i dobro poklopljeno stavite u hladnjak preko noći.

Sljedeći dan dodajte ostavljenu koricu grejpa u tavu s voćem i pustite da smjesa prokuha, nepoklopljena, na jakoj vatri. Kuhajte na jakom vrijenju otprilike 30 minuta. U početku će smjesa lagano mjehuriti. Dok se vlaga kuha, koncentrirajući šećer, pjenit će se. Promiješajte svakih nekoliko minuta nakon što se počne pjeniti. Mjehurići će postati mali kada marmelada bude skoro gotova, između 222 i 225 stupnjeva F. (Žlicom stavite malo na tanjur i stavite u hladnjak na 3 minute. Ako se zgusne kao džem, gotova je.) Kad se stegne, maknite lonac s vatre i čistom žlicom uklonite pjenu s površine. Izvadite i bacite mahunu vanilije. Marmeladu sipati u vruće, sterilizirane staklenke i obrađivati u vodenoj kupelji prema uputama proizvođača staklenki.
Marmeladu čuvajte na hladnom, tamnom,

97. Vrpce od ušećerenog limuna

PRAVI 20 DO 24 KORE POSEĆERENE

4 srednja limuna, po mogućnosti organski
2 šalice šećera, plus još za premazivanje kora
¼ žličice tartara ili 2 žlice kukuruznog sirupa

UPUTE

Pomoću gulilice za povrće uklonite koru s limuna u trakama širine ½ do 1 inča, odrežući srž koja je ostala na kori. Po želji kore narežite na tanje trakice, a voće ostavite za drugu upotrebu. Stavite kore u lonac koji ne reaguje i prelijte ih hladnom vodom. Zakuhajte vodu na srednje jakoj vatri. Kore kuhajte 1 minutu, ocijedite i prelijte svježom hladnom vodom. Ponovite još dva puta, zatim ocijedite kore i izvadite ih na tanjur.

U istoj tavi zakuhajte 1 šalicu vode sa šećerom i tartarom, povremeno miješajući dok se šećer ne otopi. Dodajte kore u sirup, smanjite vatru i lagano kuhajte dok ne postanu prozirne, oko 1 sat. Pustite da se kore potpuno ohlade u sirupu, a zatim ih rešetkastom žlicom prebacite na rešetku postavljenu preko obrubljenog lima za pečenje. (Ohladite sirup za drugu upotrebu.) Ostavite kore da se suše nekoliko sati ili dok ne postanu ljepljive, ali ne i mokre. (Ako su još uvijek mokre, obrišite ostatak sirupa papirnatim ručnikom.) Raširite šaku šećera na tanjur i ubacite kore u šećer, nekoliko odjednom, tako da ih potpuno obložite. Čuvajte kore u posudi s čvrstim poklopcem do 3 mjeseca.

Svi ostaci sirupa od kandiranja limunovih kora bit će gust i intenzivno sladak te će se neograničeno dugo čuvati u hladnjaku. Umjereno ga koristite u slatkom čaju, dodajte gaziranoj vodi za pripremu talijanskih gaziranih sokova ili ga poprskajte u svoj omiljeni gin ili koktele s votkom. Također ga je dobro umiješati u obični jogurt, preliti preko svježeg voća ili premazati maslacem i jajima bogatu tortu tek izvađenu iz pećnice.

98. Preljev od češnjaka

SASTOJCI:
1 žličica češnjaka u prahu
2 žlice majoneze
2 žličice Dijon senfa
2 žlice svježeg soka od limuna
Sol i svježe mljeveni crni papar po ukusu

UPUTE
Pomiješajte sve sastojke u zdjeli za salatu.
Prelijte salatom i poslužite.

99. Citrus vinaigrette

SASTOJCI:
1 žlica svježeg soka od limuna
1 žlica svježeg soka od limete
1 žlica svježeg soka od naranče
1 žličica rižinog vinskog octa
3 žlice ekstra djevičanskog maslinovog ulja
½ žličice šećera
Sol i svježe mljeveni crni papar po ukusu
UPUTE
Pomiješajte sve sastojke u velikoj zdjeli za salatu. Na preljev poslažite listove zelene salate.
Pomiješajte neposredno prije posluživanja.

100. Lemon curd

PRAVI OKO 460 G (2 ŠALICE)

Sastojci
- 3 limuna, očišćena od korice
- 100 g šećera [½ šalice]
- 4 jaja
- 1 list želatine
- 115 g maslaca, vrlo hladnog [8 žlica (1 štapić)]
- 2 g košer soli [½ žličice]

Upute
a) Iscijedite 80 g (⅓ šalice) soka od limuna.
b) Stavite šećer, limunovu koricu i limunov sok u blender i miksajte dok se zrnca šećera ne otope. Dodajte jaja i miksajte na niskoj razini. Premjestite sadržaj blendera u srednji lonac ili tavu. Očistite spremnik blendera.
c) Prokuhajte želatinu.
d) Zagrijte smjesu limuna na laganoj vatri, redovito miješajući. Kako se zagrijava, počet će se zgušnjavati; pazi na to. Kad prokuha maknite sa štednjaka i prebacite u blender. Dodajte nabujalu želatinu, maslac i sol i miksajte dok smjesa ne postane gusta, sjajna i super-glatka.
e) Ulijte smjesu kroz fino sito u posudu otpornu na toplinu i stavite u hladnjak dok se lemon curd potpuno ne ohladi, najmanje 30 minuta.

ZAKLJUČAK

Limuni su uvijek dostupni, no možda ste primijetili da su citrusi najbolji u zimskim mjesecima, kada je njihova prisutnost u bogatom jelu najdramatičnije transformirajuća i uravnotežujuća. Snažan, jasan okus limuna presijeca težinu masne hrane koju guštamo tijekom blagdana, a najbolja marmelada je od zimnice. Ali limun ima ustrajnu osobnost koja im omogućuje da igraju vodeću, ali komplementarnu ulogu tijekom cijele godine, kada su upareni s delikatnijim sastojcima kao što su proljetno povrće, ljetno bobičasto voće te jaja i vrhnje. Dakle, što kvalificira jelo za uvrštavanje u kuharicu limuna? To sam se često pitao dok sam razvijao ove recepte. Neki sadrže cijele limune - koru, pulpu i srž - koji ponosno objavljuju: "Ja sam limun, čuj me kako rečem." Drugi dobivaju hrabar okus od korice voća i njegovih eteričnih ulja. Drugi su pak nevjerojatno poboljšani jednostavnim, razboritim stiskanjem limuna. Osvježavajući i svestrani, limun ima mjesto u našim pićima, na našim pizzama i na našim stolovima za doručak. Da, ogulite ih s koricom i sokom, ali ih također pecite, grilujte i čuvajte. A kad dođe proljeće, probodite jedan štapićem paprene metvice; Jamčim da ćete se napućiti—i nasmiješiti.